新装版

平安時代大全

山中 裕

ロング新書

まえがき

平安時代の生活と現代はいかなる点が類似しているか。又、まったく異なるところはどこか。「源氏物語」など古典を読んだ場合も、いまなお、当時と同じ意味を有する言葉もあれば、意味がまったく異なるものもあることに気づく。

平安時代は、宮廷文化芸術の最高の時期に達し、「みやび」な時代であったといわれるが、当時の政治、経済はいかがであったか、このような質問にこたえようとするのが本書の特色である。

現在の私たちの生活も、正月の四方拝、元日の宴、七日の七草粥などと平安朝のしきたりを、そのままおこなっているものがとても多い。当時の人々も現在と同様に、四季の行事を生活の中にとり入れ、あるいは楽しみ、あるいは政治の一端としておこない、行事が生活と共にあった。それらの行事やしきたりは、まず皇族、貴族の間でどのように始まったか。それがしだいに庶民の生活の中にとり込んでくるまでには、どういう経路をたどったか。そのようなしきたりをじっくりと見ていきたい。

それには、当時の皇族、后たち、貴族らの生活や制度から始めねばならない。この中には、現在の天皇をはじめ皇后や皇女、宮仕の女官の実態とほぼ共通する点も少なくない。「源氏物語」などの文学は、実にこの宮仕女性、紫式部によって書かれたものであることはいうまでもないが、そのような文学を生む社会情勢の実態と本質を、まず明らかにせねばならない。

こうした、表面はきらびやかな美の絶頂を行く文学と、それが創られる背後の世界では、貴族同士の我が家こそ摂関の地位をかちとろうとする人々の、みにくい争いが行なわれていたことは否定し難い。

藤原氏は、古くは他氏の排斥、その後は藤原氏同士での骨肉相喰む争いが多くなり、あるいは兄弟（兼通、兼家）、あるいは叔父、甥（伊周、道長）の間での争いがはげしかった。彼等は、いずれも自分こそは摂政になるにふさわしい地位と教養もあると心得、娘を天皇の女御から后として、その地位を得るものが多かったが、その最高頂に達したのは道長時代に入ってからである。

ここに卓越した人物、道長について説く必要がある。道長は、彼自身も深い教養の持主であり、漢詩文、和歌にもたけており、政治家としても誠にすぐれた才能の持主であった。さらに四人の娘のうちそれぞれ三人を中宮とし、一人は東宮の御息所とするなどした。更に生まれた皇子は、天皇（後一條）となるなどして外戚としてもめぐまれた地位にあり、さらに兄達が疫病で亡くなることもあり、とんとん拍子に官位も昇進し運もよかった。摂政、太政大臣になるには最もふさわしい人物であったといえよう。

この道長が娘彰子を一條天皇に納れ、中宮とし、誕生の皇子は後一條天皇となり、この間、紫式部は中宮彰子に仕え、「源氏物語」が完成したのである。道長は周囲の人々にも評判がよく、又、当時の大臣、納言以下の人々もよく道長を輔《たす》け、その結果摂関政治はこの時が最高峯のものとなった。「源氏物語」はよき時代のよき文学であるといっても過言ではなかろう。道長は、自身が仮名にもくわしく、仮名の小説なども書いていたようであるから、紫式部の「源氏物語」のスポンサーのような役目をして摂関政治をスムーズに動かすかたわら、一方において紫式部をはじめ多くの女流歌人を集めて我が娘彰子の家庭教師をさせ、仮名文学発展の促進の一役を背負っていたとみることができる。

摂関時代は、実に王朝貴族と女流作家の時代である。これは道長という超人的な存在があればこそと見ることも出来よう。現代も女流作家の華開き、王朝時代と或る面は共通しているともいえる。いま、ここに千年の歴史をもつ「源氏物語」などをふりかえりつつ、その当時の歴史と文化の実態を静かに考え、現在の生活に生かすことの意義は大きい。

本書はそのような見地から、歴史を学ぶ人のために、その当時の実態を面白く、より多く得るところがあるよう意図して書いた、ごく分りやすい概説書である。過去の人間を、今、目の前に見るように浮かび上らせ、その全体的な人間像を見、また、その社会の本質と、その地盤と文化の実態を見極めようとするのが本書の特色である。

歴史は人間によって作られる。人間不在の歴史はあり得ない。その人間には生活がある。その生活の実態と風俗。これは人間の歴史を考える上に、まず基礎となる知識である。

それらの問題とともに、本書が歴史と当時の文学を研究する人々のために、少しでも役に立つことが出来れば幸甚である。

山中　裕

目次

まえがき 3
第一章「年中行事」ものしり40の史料――9
第二章「後宮の女性」ものしり22の史料――43
第三章「皇族・貴族」ものしり41の史料――65
第四章「人物」ものしり67の史料――109
第五章「冠婚葬祭」ものしり22の史料――163
第六章「風俗文化」ものしり39の史料――185
第七章「宗教」ものしり25の史料――221
第八章「文学」ものしり46の史料――243
第九章「荘園」ものしり14の史料――291

■コラム

●「年中行事」史料の真実——40
社会の変化・進歩と共に行事のかたち・ありようも変わっていく
●「後宮の女性」史料の真実——62
二后並立は中宮彰子の立后にはじまる
●「皇族・貴族」史料の真実——106
天皇に返り咲きのチャンスをねらった源融
●「人物」史料の真実——159
道長と法成寺の華麗かつ荘厳なたたずまい
●「冠婚葬祭」史料の真実——181
餅が幼年期の儀式にはつきものだった
●「風俗文化」史料の真実——205・217
小さきものは皆うつくし／薫物合せをいどむ女性たち
●「文学」史料の真実——287
源氏物語のモデル
●「荘園」史料の真実——304
荘園の整理にまつわる紆余曲折

第一章

「年中行事」ものしり40の史料

1　宮廷の元日は儀式に追いまくられた

宮廷における年中行事が、儀式として定着し始めたのは嵯峨天皇（八〇九〜二三）の御代になってからである。中国の唐から入ってきた行事は、慣習的には以前から行なわれていたが、この時代になってようやく政治的文化的に重要な意義をもつことを為政者が気づいたからであった。

平安朝の一年の行事の初めは、元日の朝の「四方拝《しほうはい》」である。天皇は清涼殿の拝座につき、まず属星（北斗七星の中の生年にあたる星）を拝し、次に天地四方を、そして二つの山陵（父母の山陵）を拝して年災をはらい、幸福無事を祈るのである。そして、その日の内に屠蘇《とそ》で祝う「供御薬《みくすりをぐうず》」、帝を拝謁する公の儀「朝賀《ちょうが》」、そして、関白以下殿上人が帝を拝する私儀「小朝拝《こちょうばい》」、天皇が群臣に給う「元日節会《がんにちの》」の五つの行事が行なわれ、その間に歯固《はがため》などの細かい行事が付随して行なわれた。

この時代は、現代では想像もできないほど行事は人の心のうちに大きな影響をもっていて、命運は行事によって左右されると信じていたのである。だからこそ天皇を中心とする中央集権の確立とともに年中行事を取り入れ、支配のおよぶかぎり中央の基準に従わせる大きな統一の力の源として、行事を活用したものであった。

2　正月の七日には処刑の執行がなかった

一月七日は人日《じんじつ》。元日から八日までをそれぞれ鶏、狗《いぬ》、羊、猪、牛、馬、人、穀をあてて、一日は鶏を殺さず、七日を人日と呼び、刑を行なわずと決められていた。漢代の儀式を受けついだのである。日本に輸入されたとき、子の日の若菜つみの風習と結合して、「供若菜《わかなをぐうず》」という宮廷行事に発展したといわれる。

この日、七種の若菜を羹《あつもの》（吸物）にして食べると年中の邪気を避けられると信じられ、「万葉集」に、

せりなづな御形《ごぎょう》はこべら仏《ほとけ》の座《ざ》
すずなすずしろこれぞ七種《ななくさ》

と歌われている。

室町以降からは「七草粥」として民間に伝承されていった。

3　白馬《あお》をながめれば年中の邪気から逃れられるとされた

正月七日、天皇が左右馬《め》寮《りょう》の引く「あおうま」を見る儀式である。馬は陽の獣、青は春の色の象徴であるところから、この日に二十一疋の青馬を見れば年中の邪気を避けることができるというものである。青馬といっても青い色の馬ではなく、純白ではなく、黒・栗毛などでもない灰色の馬をそう呼んでいた。

大陸渡来の行事ではあるが、日本でも古くから行なわれ、奈良時代以前の文献には

青馬ともみえる。平安時代に入ると、馬そのものの色をとって「白馬」と書いて「あおうま」と読ませるようになった。

この日は、「供若菜」と「白馬節会」とが行なわれるので女房も多忙をきわめ、「七日、降り積った雪のたえまのわかなつみ、青々として、いつもはそんな菜は見られない所に持ち込み、入り乱れて立ち動くのも興味深い。白馬を見ようといって、里に帰っている女房は、車を美しくしたてて見に行く」

と「枕草子」に記されている。

4　新春の野に出て草を摘む子日《ねのひの》遊

正月の上の子の日、丘に登って四方を見渡せば煩悩を除くと考えられていた行事が子日宴である。

初めは宮中で宴を行なうだけであったが、宇多・醍醐天皇の頃からは紫野、北野などに出て遊び、草を摘み、小松をひきぬいて楽しむことがさかんに催された（子日遊）。

「土佐日記」によると、舟旅をしている紀貫之が、爪ののびたのを見て日を数えてみると子の日だと気付く。京の子の日のことを思い出して小松があればなあ……と思うが海の上なのでいたしかたない。そこである女の詠んだ歌、

おぼつかな今日は子の日か海女《あま》ならば

海松をだにひかましものを

（子日なのに海の上で残念である。私が

海女ならば海松をでも小松に見たてて引きぬこうものを）

と、子の日への断ち切りがたい思いが記されている。

5　杖で女の尻を打てば必ず子が生まれるという「粥杖《かゆづえ》」

この時代には、丈夫な子供を産めるということは、珍事にひとしかった。そのための願望がいかに切実なものであったかが、「粥杖《かゆづえ》」の儀にみることができる。

粥杖とは、正月十五日のもち粥の節供で粥を煮たあとの燃え木を削って杖をつくり、この杖で女の尻を打てば必ず子が生まれるという、一種のまじないのような風習である。この様子は「枕草子」や「狭衣物語」の中に描かれている。打たれまいと逃げながらも、真意は打ってもらうことを心から願っている女心がみごとに綴られている。この風習は女房たちにとって、正月の楽しい遊びでもあったという。

この行事は平安貴族社会では遊びの要素が濃くなっていたが、根本的には神聖な火を作る燃料である薪を使って邪気を追いはらうことにあった。

6　踏歌節会は男女の集団舞踏会

踏歌とは、足で地を踏んで拍子をとり、歌いながら踊る集団舞踏である。唐の行事と、日本古来からの歌垣《うたがき》の習俗が結びつい

平安期の典型的女性像「引目鉤鼻」

て、天武・持統天皇ごろから行なわれていたが、儀式として整ったのは清和天皇の時代である。

正月十六日の夜、男踏歌と称して灯を明々ともして、男女が入り乱れて華やかに踊り狂った。しかし、平安時代に入ると、男踏歌は十四日、女踏歌は十六日に行なわれるようになっていく。

「源氏物語」初音の巻に、

「今年は男踏歌がある。その人々は内裏から朱雀院に行って、次に六条院（源氏の邸）に来る。道が遠いので、明方になった。月が曇りなく澄んで、薄雪が少し降った庭の風景もあり得ないほど美しく、殿上人もいろいろなものの上手な人が多く、笛の音も興味深く吹きたてて、ことにここの御庭では格別に心づかいをした」

とある。

この男踏歌は、経費もかかり、風紀の乱れを招くという理由からか、永観元年（九八九）を最後に消滅している。したがって、紫式部は約二十年前に行なわれた男踏歌の様子を物語に折り込んで書いたことがわかる。

7　清冽な水も信仰の対象になった

清冽な水は、ひとつの信仰の対象であった。「供若水」の儀式は、立春の日に若水を飲めば年中の邪気を避けることができるという、素朴な風習から始まった行事である。

宮廷では、前年の十二月土用（立春、立夏、立秋、立冬の前の十八日間）以前に封じておいた井戸を立春のこの日に開け、井戸係の役人が汲んだ若水を女房が内裏に配る。そして、天皇以下が飲むのである。若水に使った井戸は、その後は使用しないのが普通であった。「栄花物語」の中には、若水を使って皇子の産湯を行なったことが書かれている。

立春に汲む水が若水であるが、やがて元日に汲む水をも若水というようになっていった。元日の早朝に汲む水を若水という習慣はすでにこの時代から根差していたと考えられる。なお、「年中行事秘抄」には天皇が若水を飲むとき、呪文を唱えるとある。

8　清少納言、初午詣で疲労困ぱい

二月の行事には、宮廷ならではの「祈年《としごいの》祭《まつり》」「釈奠《しゃくてん》」、「春日祭」などが行なわれていたが、そのなかでも「初午《はつうま》」は粛然たる儀式とはちがって、庶民的で近代の祭りに近いものであった。稲荷神社の祭礼だけに、大衆の参加があったわけである。嵯峨天皇の弘仁（八一〇～二〇）年間に社が建てられてから、初午詣はさかんになったといわれている。

この行事は紀貫之の歌や「枕草子」にもあり、その賑わいをしのぶことができる。「枕草子」によると、

「夜明けごろ稲荷詣に出かけたが、途中の坂道に呻吟苦吟してまいってしまった。通りがかりの下衆の女が『今日一日のうちに七度詣でるつもりだ』と話しているのを聞いて、びっくり。こんなに辛い思いまでしてなんで来たんだろうと涙さえ出している自分を思って、複雑な気持になった」と、才女清少納言は知識人らしく告白している。

9　今も昔も少女が憧れる三月の「ひなあそび」の雅趣

三月の行事といえば「雛祭」を思い出すが、平安時代には三月三日を限った雛祭は行なわれていない。ただ、それに似たものが、通常の女の子の遊びとして行なわれて

いた。

「源氏物語」若紫の巻に「ひひなあそびにも、絵をおかきになるにも、源氏の君とつくり出して、清らかな衣装を着せ……」とあるほか、紅葉賀の巻にも「紫式部日記」にも記されている。

「枕草子」には「すぎた日の恋しいもの、枯れた葵、ひひなあそびの調度……」とあり、可愛い人形と小さな調度は、女性一般にとって少女時代の郷愁をさそうものであった。

　人形はもともと祓具であり、贖物《あがないもの》であって、罪科をはらってくれると信じられていた。

10　曲水宴《ごくすいのえん》は詩人・歌詠み達の風流な遊び

　三月三日は「曲水宴」。中国の漢の時代、子が死んだことを怪とし、ともに水辺に出て身をきよめ、盃を流して汚れをはらった精霊に対する祭に由来する。

　奈良時代から内裏で行なわれ、摂関時代には貴族の邸で文章生が集まり行なわれた。庭に曲溝を掘って水を引き入れ、人々がその両側に坐って酒杯をうかべ、酒杯が上流から流れてきて自分の前を通りすぎないうちに詩歌を詠じて、酒杯を取って飲む宴である。

　流水に託して汚れを除去する思想は、わが国にも深くあるもので、それが中国の思想と結びついたものである。それをわが国独特の遊戯的な宴の心がアレンジした行事といえる。

11　彼岸の法要は少なくとも年に二回ある

春分の日、および秋分の日を中日として、前後七日間は、金剛般若波羅密多経を読み仏道精進をした。彼岸は梵語の波羅密多《はらみつだ》の訳で到彼岸の略、生きているこの世の此岸《しがん》から煩悩の激流を越えて悟りの浄土の世界に達するという意味である。

春分、秋分を中心にして行なうのは、この日太陽が沈む真西はちょうど極楽浄土の東門に当るからといわれている。

今ここに入日を見てもおもひ知れ
　弥陀の御国の夕暮の空（新古今集）

と彼岸を詠んだ歌も多い。

12　「更衣」の日は夏に向けてのファッション・チェンジ

四月の初日は、まず「更衣《ころもがえ》」で始まる。この日は冬春の服から夏秋の服へと着替えるわけだが、それは服装だけではなく、几《き》帳《ちょう》や壁代《かべしろ》などもまた夏の物に替えられ、殿中の舗設改修もこの日から始められた。

ファッションやインテリアデザインは、いつの時代でも変らぬ関心事であることがうかがわれる。その色彩の豊かさ、紋様の華麗さは正倉院で見ることができる。

更衣の日、いっせいに様相を変えるのも季節感を感じさせてあざやかであるが、宮廷人たちは、この日のために以前から準備をして趣向を競ったものであった。

13 仏像に五色の香水を浴びせて祝う灌仏の日

四月八日は灌仏《かんぶつ》である。釈迦の誕生を祝って、青色、赤色、白色、黄色、黒色など五色の香水を仏像にかけて法会を行なった。

当日は清涼殿に御簾《みす》を垂れ、昼御座《ひのおきし》を取り払って灌仏台が立てられる。金色の仏像をその中に安置し、導師がまず五色の水を三度仏像にそそぎ、つづいて王卿、女房が灌仏し、導師は布施をもらって退出する。

初め宮中で行なわれたこの儀は、東宮・中宮などでも行なわれるようになり、次第に貴族の邸へ伝播していった。そして、風流のかぎりをつくして行なわれるうち、本来の仏教的意味が失なわれ、形式のみを重んじる行事となっていった。

14 端午節は悪霊ばらいの祭だった

五月は「端午節」、この祭事は雛祭とちがって当時から五月五日であった。端五とも書き、重五ともいう。五が重なるからである。

五月は不吉な月とされ、特に五日は悪霊がいると信じられていた。そのため、よもぎで人形を作り、門戸に吊して悪霊が取り憑くのを防ぎ、菖蒲酒を飲んだり、競渡(ボートレース)、薬草つみなどして邪気をはらった。

文献に端午節が記されている最初のものは「日本書紀」である。推古天皇（六〇三）の時代。

この日の儀式には、すべて菖蒲がまといつく。菖蒲縵をかけた衣装に、調度品も菖蒲の紋様がついたものを使用した。やがて、中期には風流と美的な面が強調されるようになり、庶民に伝播していった。

「枕草子」に、

「節は五月に及ぶものはない。菖蒲よもぎなどが香り合うのも趣きがある。宮中の屋根を初めとして、名もない民のすみかまで、どうにかして自分の所にたくさん葺こうと菖蒲やよもぎを葺きわたしているのも、たいそう心をひかれる」

とある。

15 花でつくった薬玉を供えて、快い初夏の一日を過ごす

五月五日、菖蒲、艾《よもぎ》、雑花で薬玉を作り、柱にかけると邪気をはらい、寿命を永らえ、幸福をもたらすとされていた。雑花には、なでしこ、あじさいなど時節の花が用いられた。

薬玉の名は種々の薬や香料を玉の型をした錦の袋に入れ、そのまわりを草花で飾ったことに由来する。

雅《みやび》を好む宮廷人にとって、菖蒲と薬玉を飾る初夏の一日は、季節の美感につつまれ

た快い行事であった。

この薬玉は、前年の九月九日の節句以来かけてあった菊瓶と取り替えるのである。「枕草子」にその様子が記されている。「九月九日の菊を不思議な絹に包んで持ってきたので、同じ柱に結いつけて、薬玉と解きかえて棄てるらしい。また、薬玉は、菊の季節まであるはずであろう」

そして、菊の季節には薬玉は捨てられ、柱には新しい菊が香るのである。

16 中国伝来の装飾的な五色の粽《ちまき》

中国の楚の屈原は五月五日に投身自殺した。楚国人はこれを悼んで命日には竹筒の中に米を入れて投げたという。また、漢の武帝のとき、三閭大夫という人を祭るための供え物が、必ず竜に盗まれた。ある日、食物を楝の葉に包んで五色の糸で縛るとよいという三閭大夫のお告げがあり、その通りにすると、以後竜に盗まれなくなったという。

このように、粽は中国の風習が伝わったもので、五月五日にこれを食べれば邪気を避けることができるという言い伝えによるものである。

平安時代には、糯米《もちごめ》を蒸してつき、現在の餅のようなものを菰《まこも》、菖蒲、茅《ちがや》などの葉で包み、五色の糸で飾った。

「ちまき」の語源は茅の葉で巻いたことに由来する。

17　いつの時代も神だのみ

行事とは、どれをとっても悪霊ばらいと安寧への祈願であった。それは、ヨーロッパでも同じことである。魔女裁判が一七世紀まで行なわれたことを思えば、この時代の為政者が、社会秩序を保つためにいかに真剣に行事を行なっていたかが想像できる。

六月祓《みなづきはらい》もまた、罪と穢《けがれ》を除去するためのものであった。夏越のはらえともいう。

これは川祭を兼ねた夏祭で、朱雀門で儀式が行なわれた。五色薄絁、緋帛、金装横刀、金銀塗人像、馬六疋その他をそなえ、無意識のうちにおかした神への罪と科《とが》をはらう行事である。馬をそなえるのは、馬は耳ざとい動物で、神も馬のように早く願いを聞きとどけて欲しいという意味があるという。

「蜻蛉日記」にその日のことが記されてあるほか、「後撰和歌集」に

賀茂川のみなそこすみて照る月を
　ゆきて見んとや夏ばらへする

とうたわれている。

18　盂蘭盆はレクイエムの祭典

盂蘭盆《うらぼん》は梵語のウランバナ（はなはだしい苦しみの意）から由来する。中国語では倒懸《とうけん》という。倒懸とは逆さに吊すことで、亡者の逆さに吊された苦しみを解き、救うための供養から始まった。

しかし、日本の場合はもっと素朴で、お

そらく中元（七月十五日）の季節祭と祖霊感謝祭が仏教行事として結合し、成立したものだと考えられている。

「蜻蛉日記」のなかに、盆の供物が届いていないので、亡母があの世で悲しんでいるだろうという意味のことが綴られていて、寂寥感をただよわせる個所がみられる。

こうした盆の行事は、鎌倉時代になってさらに顕著になっていった。盆提燈《ぼんちょうちん》が備えられるようになったのも、この頃からである。

19　七夕をタナバタと呼ぶようになったのは平安時代から

七月七日の夜、牽牛と織女の二星が、鵲《かささぎ》が羽をならべて作る橋を渡って一年一度の逢瀬を楽しむという伝説は、中国の漢の時代に始まった。これが日本に伝わり、古くからある棚機女《たなばたつめ》の信仰と重なって、織女をタナバタツメと呼ぶようになった。しかし七夕をタナバタというようになったのは平安時代になってからで、奈良時代にはナヌカノヨといわれていた。
二星が七夕に逢うロマンチックな伝説と、加えてその逢瀬は年に一度であるというあわれさが当時の人々の心を動かし、数々の歌に詠まれている。
「万葉集」の山上憶良の歌
天漢《あまのがわ》相向き立ちて吾が恋ひし
君来ますなり紐解き設けな

をはじめ、多くの歌が残されている。

20　七夕の行事にロマンチックな夢を託した貴族たち

七夕に飾る笹竹や短冊は、当時は竿の先に五色の糸をかけたものであった。そうして願をかければ、三年のうちに願いが叶えられると思われていたからである。また、瓜を並べ、その上に張る喜子の網（蜘蛛の糸）が密になればなるほど裁縫が上手になると信じられていたのである。

こうした飾物や供え物の風習は、唐から入ってきた「乞巧奠《きっこうてん》」と七夕の行事が結合してから行なわれるようになった。藤原時代以降のことである。

「御堂関白記」によると、長和四（一〇一五）年の七夕の夜の記事に、頼通が父の道長と一緒に女房をはべらせ、星空を見上げてこの行事を楽しんだことが描かれている。二つ星が短かい夜のいっときの逢瀬を楽しみ、たちまち別れなければならない星空の舞台に、貴族たちはそれぞれロマンの夢を織りなしていたことがしのばれる。

21　日本古来の神祭だった相撲

「内裏式」には相撲のことが詳しく書かれてあって、七月には相撲が重要な儀であったことが窺える。

相撲は、当時スマイと呼ばれていた。「日本書紀」によれば、垂仁天皇七年七月七日に野見宿禰《のみのすくね》と当麻蹴速《たいまのけはや》が豪力を競ったのが相撲の始まりだとなっている。それ以来、相撲は七月七日に行なわれていたわけである。

ところが、淳和《じゅんな》天皇の天長三（八二六）年、七日は平城天皇の命日に当るので十六日に行なうことになった。それからだいたい十六日に相撲が行なわれるようになっていった。

そして、七夕と結びついた乞巧奠が盛んになるにつれて、七月の重要な行事は七夕に移っていく。日本固有の神祭であった相撲も、道長時代になるとその神祭的な意味は失なわれて、情緒的、遊戯的要素の強い七夕に座をうばわれていったのであった。

22　盆供養にみる貴族と庶民の差

まったく生活に余裕のなかった民間人にも、盆の行事は早い時期に滲透していた。「蜻蛉日記」に、寺へ参詣する庶民の姿が綴られているが、人々が変な恰好で物を背負い、頭に載せて急ぎ足で集まってくる場面がある。それを作者が夫の兼家と眺めながら、気の毒だとも思いながらも笑っている。ここに、盆行事に対する宮廷人と庶民の姿が対照されている。

さらに、「今昔物語」には次のように書かれている。

「極貧の女が、祖先の霊をまつるにも供え物がなく、やむなく自分が着ている薄色の綾の着物を解いて盆のかめに入れ、蓮の葉で覆って愛宕寺に持参した。そして、身を地に伏して泣きくずれた」

宮廷人にとっての盆は、精神浄化の儀式であり、霊に対する真摯な供養の日であったが、貧苦にあえいでいる庶民は、思うように供養してやれない不運に泣くほかはなかったのである。

23 供養踊りも庶民にとっては娯楽のひとつだった

盆踊りは、平安時代に空也上人が始めた踊念仏が起源とされる。これが霊を供養する盆に結びつき、段々恒例化されたものである。

室町時代の禅僧の日記「蔗軒《しゃけん》目録」に、

「夜間に鐘や鼓を鳴らし、阿弥陀を唱え、その声は天地を動かす」

とあり、念仏を唱えながら人々が踊り狂う様子が描かれている。

最初は精霊供養のために行なわれ、念仏を唱えながら踊られた盆踊りも、庶民の娯楽として民間に定着していった。そして踊り歌も作られるようになる。

山科《やましな》言継《ときつぐ》の「言継卿記」に、盆踊り歌を作り、歌い方や拍子を定めて指導したという記事が残されている。

24 月は時の象徴であり、信仰・娯楽の対象だった

月の光が人にさまざまな思いを広げさせ、

月の満ち欠けによって時の移り変りを察知したのは、おそらく人間の生活が始まった頃からだろうと考えられている。そして、月によって生活やしきたりを定め、季節の移り変りと年中行事が自然に生まれてきたのである。

　月が時節の象徴であったことは、ひと月の初めをついたち（月が立つ）といい、ひと月の終りをつごもり（月が隠れる）という言葉を生んだ感覚からも理解できる。

　旧暦八月十五日の仲秋観月の宴は大陸から輸入された行事であるが、日本古来の情緒と合致して、独特の「風流」という概念を育てたのであった。

　また、「後水尾院年中行事」には、「芋、茄子を供えて、清涼殿の廂《ひさし》から月をご覧になる。その茄子の穴からご覧になって願をかける。これは世俗に流布のことであるが、禁中にはいつから始まったことか…」とある。

　月を神秘的なものとみる信仰から芋や茄子を供えて祭った。そして、それは収穫への感謝の心も込められていたのである。

　同時に「月見の宴」は、「月を転《あそ》ぶ事」であり、レジャーの効用をかねていた。「日本歳時記」によれば、唐人は月餅や西瓜を食べながら十五夜の月をめで楽しんだとある。それに習って、平安貴族たちは「みやび」の粋に酔ったのであった。

25　月をめでる舞台装置、前栽合《ぜんざいあわ》せ

八月十五日の夜、中秋の名月の宴は盛大であった。宴を催し、詩歌を作り、歌合せを行ない、供えものをするほか、月をめでる舞台装置である前栽合せも行なわれた。

「栄花物語」によると

「清涼殿の前に、左右に分けて前栽を植えさせる。どちらも劣るまいと挑みあって、絵所は洲浜を絵に書いてさまざまな花を生きているより美しく書いてある。遣水《やりみず》（川の水を庭園に引き込んだ流れ水）、岩、みんな書いて、白金を垣の形にして、すべての虫を住ませる。造物所は、美しい洲浜を選んで潮が満ちた様子を作り、いろいろな造花を植え、松竹などを付けてたいそう興味深い……」

とあり、左右とも風流のかぎりをつくして競ったさまが描かれている。

26　九月九日《クニチ》は供日《クニチ》の日

大陸から「重陽宴」の習慣が入ってくる以前から、九月九日には宴が行なわれていた。「日本書紀」に天武天皇のとき「天皇は十四年九日壬子（九日）、旧宮安殿の庭で宴が行なわれた」とあるのが宴の記録の最初のものである。

これは、本来収穫を祝う宴であったといわれている。「延喜式」によると、九月九日節の供えものに次の品々が用意されていた。

米＝二斗三升、糯稲（もち稲）＝五束、糯糒（もち米の飯を乾かしたもの）＝一斗、粟子糒（粟子を乾かしたもの）＝二升、小麦、胡麻子＝それぞれ四升、大豆二升、小豆＝一斗、荏子（大豆）＝六升、酒＝一斗、酢、泊＝それぞれ一斗、醤＝一斗、塩＝二升

こうした、さまざまな農産物を並べて儀式を行なっていたところから、元来は収穫を祝う素朴な祭り事であったと考えられているのである。

九日は、その音から供日に通ずるとして、収穫物を供えて宴を行なったというのが起源であろう。

27　寒い季節の訪れを菊花の香りとともに知らせる重陽宴《ちょうようのえん》

また、九月九日の「重陽宴」は、いよいよ寒い季節に入ったことを人々に知らせる儀式であった。

これは、中国の菊花の宴にならって行なわれたものである。重陽とは、陽数である九が重なる日であるのでそう呼ばれた。宴は紫宸殿で催された。群臣が歌を詠み、御膳が運ばれて菊花を賞で、菊酒を飲むなど華やかなものだった。この日女性達は、菊の露にぬれた綿で肌をなでれば、老を棄てるという風習によって延寿の祝いをするなど、貴族や女房の社会では楽しい日として迎えられていた。

なお、「年中行事秘抄」によれば、九月九日は重陽であると同時に重九《ちょうきゅう》であり、それを長久に寄せて、末長く平安であることを願ったものだと記してある。

28　菊《キク》酒は長寿にキクという言い伝え

菊には延寿の効があるという言い伝えは中国から入ってきたものである。「塵添壒嚢抄」によれば、魏文帝は七歳で即位したが、十五年しか生きられないとある相者にいわれて悲嘆にくれていると、彭祖《ほうそ》という仙人が帝の徳に感じて菊を折って献じたところ、帝は七十歳まで生きたという。彭祖は、菊の露が落ちて流れる水を飲み、不老不死となって、八百歳まで顔が少年のようであったと伝えられている。

この菊花宴は、承和五年に経費節約のため一時中止されたが、平安朝初期から中期にかけて盛んに行なわれた。

29　亥日の餅は子宝の餅とされた

十月に入ると冬の行事になる。

この月に行なわれる最初の行事は「玄《げん》猪《じょ》」（亥日の餅ともいわれる）である。十月の亥の日に餅を食べれば年中の病を避けられるという中国の言い伝えによるものであった。

「年中行事秘抄」によると、豕《いのこ》はよく多くの子を産むところから、特に女性は互に亥子餅を贈り合った。

女子の垂髪（鬢《びん》そぎ）

当時の女性の肉体と医学は極めて貧弱なものであり、懐妊し無事出産できるということは母子ともに大いなる出来事でもあった。それだけに子宝に恵まれることは大層な慶びであったのである。

「源氏物語」の葵の巻では、源氏と紫上の結婚の日どりを亥日にかけて行なうようにしている。これは子宝に恵まれることの願望を秘めていたからである。

30　結婚式ラッシュだった亥日

亥日は亥子餅を食べる日、いまふうにいえば吉日であり、結婚ラッシュのめでたい日であった。だからこそ、「源氏物語」の中で、源氏は紫上との結婚式の日どりを亥の日にかけて行なおうとしたのである。この日は祝う日、めでたい日であると平安時代の人は考え、それが定着していた。

そして、この日がやがて収穫の祭日となっていき、餅を食べることで祭日を楽しむようになっていったのである。そして、更には亥子の神を田の神と転じさせ、それが民間の人に信じられるようになっていった。亥の日には田の神が家に訪れると考えられるようになり、農民は餅を食べて祝ったのであった。

31 祭りの決定版は収穫を祝う新嘗祭《にいなめさい》

十一月は新嘗祭。収穫したばかりの穀物を捧げて神を祭り、そののち天皇が新米を召し上がるという行事である。

十一月中の丑、寅、卯、辰の日にわたって華やかに行なわれた。この催しには必ず舞姫が舞うのがならわしとなっていた。これを五節の舞という。

新嘗の儀は卯の日。その日には舞姫の介添役である童女が、清涼殿の御前に召されて見物することが許される「童女御覧」があった。

こうした催事が終って夜になり、新嘗の儀が始まるのである。天皇が神嘉殿に御出ましになり、用意された湯で身をきよめ、水で手を洗う。そして新穀を天神地祇に捧げたのち天皇みずから召し上がるのである。

32 女房たちに大変な人気があった五節舞

新嘗祭には、一連の行事として「豊《とよの》明《あかりの》節会《せちえ》」「五節舞《ごせちのまい》」が行なわれた。新嘗祭は卯の日であり、豊明節会は辰の日に行なわれ、丑、寅の両日には豊明節会に行なわれる五節舞のための帳台試《ちょうだいのこころみ》、御前《ごぜんの》試《こころみ》が催された。

五節舞の舞姫は、毎年四人（公卿の娘二人と国司の娘二人、あるいは公卿の娘三人と国司の娘一人）が選ばれ、丑の日にはまず天皇が常寧殿で舞を御覧になる帳台試が行なわれる。そして、翌日は場所を清涼殿に移し、天皇、公卿の前で舞う御前試が行なわれた。

帳台試の日、天皇が舞を見物するときは、女房の出入りは堅く禁じられていたが、きまって破られたという。「枕草子」九二段に、中宮の女房たちが二十人ばかり常寧殿に押し入って見ていたことが書かれており、このとき、一条天皇（一〇〇五年）は、とがめだてしないばかりか、面白がってその様子を眺めていたという。

33 舞姫の衣裳代は自前だった

四人の舞姫の衣裳代は自前で払わなければならなかった。その費用は具体的にはわからないが、貧乏貴族にとってはかなりの負担であったようである。しかし、その役をおりる者はいなかった。そればかりか、衣裳は年々華美を競って豪華になっていった。

こうした傾向をみて、宇多天皇（八八七〜九七年）が苦言を呈したと「政治要略」の中の二十六項に記されている。それによると、舞姫の衣裳は次第に華美になり、経済が切迫しているので、この衣裳は公卿と女御から献ずるように制を定めた。三善清行の「意見封事十二ケ条」の五条にも、費用は官費で行なうべきだと意見が述べられている。

そして、そののちは、舞姫を献じた大臣、参議は年給を賜ることになった。

34 帳台試の華やかさは紫式部をもあきれさせた

十一月中の丑の日、舞姫が舞う最初の舞台を「帳台試《ちょうだいのこころみ》」という。帳台とは寝殿造の母屋に黒塗りの一段高い床を設《しつら》え、それに天井を張り、四方に帳《とばり》を垂らした座敷のことである。内裏では常寧殿にあった。

ここで天皇が舞姫を見物するところから帳台試といわれる。

帳台の北側に灯台四本が立てられ、帳台の上には長莚《ながむしろ》が敷かれ、音楽、唄に合わせて舞が披露される。時には夜おそくなって行なわれることもあり、「御堂関白記」の長和二（一〇一三）年十一月十三日のくだりに、舞が深夜になって行なわれたと記されている。

帳台試の日の舞姫の様子を見て、紫式部は日記の中で次のように感想を述べている。

「御座所の向かいにある立蔀《たてじとみ》のところに、隙間もないほど並べられた灯の光が、昼間よりもきまりわるいほどに明るい中を、舞姫たちが揃って歩いてくる。なんともまあ平気にすました態度なことよとおそれいるが、考えてみると人ごとではない。自分たちだって、灯りの下で面と殿上人に向かい合うことがないだけのこと、袖で顔をおおって避けているつもりでも、きっと向こうからも見られているのだろう……と思うと、胸のつまる思いである」

女があからさまに顔を見せるのははしたないとする習慣から、灯の下で舞う舞姫にあきれている。

しかし、そうはいうものの、それがすぐ自分自身の反省につながってゆくのも、インテリ紫式部の癖である。

35　舞踏のクライマックスは「御前試」

翌寅の日には、舞が清涼殿で行なわれ、天皇をはじめ、殿上人、女房まで見物できる。まず清涼殿で酒宴が行なわれたあと、朗詠、今様が歌われ、乱舞があって華やかな宴がくりひろげられる。

そして、「御前試《ごぜんのこころみ》」。これは帳台試とともに豊明節会に行なわれる五節舞の予行のようなものであるが、舞姫にとっては緊張連続の舞台であった。

「紫式部日記」に、

「舞姫たちがどんなにか緊張して苦しいことだろうと思って眺めていると、尾張守の舞姫の一人が気分を悪くして退席する。それにしても、舞とはなんと夢のように美しく見えるものだろう」

と、舞姫へのねぎらいと舞の美しさが描かれている。

だが、又一方には五節舞というのは舞姫の品定め的な要素をふくんでいるものと考えられ、美しい厳粛な儀式も、その裏面には堪えがたい女性のいうにいわれぬ心のつらさがあったと考えねばならない。

36 五節舞の舞台を猪が来襲

五節舞《ごせちのまい》は、舞姫が五回袖をひるがえして舞うことから名付けられた。

「御堂関白記」の記録を読むと、この数年来五節舞が深夜に行なわれることが多くなっているのはどうしたことかと道長は慨嘆している。この頃（長和二年）は、節会の儀はきまって夜になって始まり、きわめて乱れていたことを証すものである。

つづいて、この年、ようやく舞が行なわれようとしていた矢先に、突如、猪が紫宸殿に飛び込んできて大騒ぎになった。

更に、五節舞が終っていよいよ儀式も終ろうというときに、今度は弘徽殿が火事騒ぎとなって、さんざんな豊明節会となってしまったという。そのようなこともあった。

37　悪霊ばらいの総決算は追儺《ついな》

十二月晦日の夜は、悪鬼を追い払う儀式である「追儺」が行なわれる。これはオニヤライともいった。正月から、儀式があるたびごとに悪霊をはらってきたが、この追儺で徹底的に追いやってしまおうという行事である。この儀式は、平安初期に中国から伝来したものであり、中国と全く同じ方法で行なわれた。

宮中の下級職員である大舎人《おおとねり》が、朱色の装束に黄金四目（四つ目）の面をつけ、高下駄をはき、矢、楯を持って二十人の童子を従えながら、道を練って鬼を追った。その声が高く聞こえてくる様子が、「栄花物語」や「源氏物語」など数々の書物に書かれている。

「徒然草」には、「晦日の夜、たい松をともして夜半すぎまで、人の門をたたいて走りあるく。何事であろう、ことさらに大声で騒ぐ声が、暁頃、次第になくなっていくのも、年の名残りを感じさせて心ぼそい」と、ゆく年の感想が記されている。

38　悪霊といっしょに祖霊まで追っ払っては大変

この当時の人々は、鬼や霊など超自然的なモノの存在を極度に恐れた。だからこそ鬼や悪霊をはらうための追儺が行なわれるのであるが、誤って祖霊までも追いやることにならないようにとの注意もおこたらなかった。

「論語郷党」十によると、追儺のときには、宮中の職員が朝服に威儀を正して廟の東側に立ち、祖霊に失礼のないように配慮したと記してある。

また、大舎人の扮する方相氏は、鬼退治の先頭に立つ者であったが、奇妙な面と奇抜な衣装から、いつしか鬼とまちがえられていく。平安末期になると、公卿が方相氏を追いまわすかたちに変った。

39 晦日の夜は鎮魂祭が行なわれた

晦日は、追儺で邪気をはらうだけでなく、亡き人のための供養も合わせて行なわれた。この日の夜、亡き人が家に帰って来るという信仰があったからで、供養の方法は七月の盆祭の場合と変わらないものであったという。

儀式を行なうのは、亡き人への鎮魂とかつての恩に報いるためであった。「枕草子」には、この日亡き人の食する御膳の食物の下にゆずり葉を敷いて迎えたこと、また「和泉式部日記」には、

なき人のくる夜ときけど君もなし
我が住む里や玉なきの里

と、一人住まいの佗しさを詠んだ歌が残されている。

夕暮どきになると家々に門火がともされ、

鎮魂祭が行なわれたのであった。

40　行事がすべて終ってからが大変だった女房たち

晦日の夜の行事は、市中では夜おそく、ときには明方までかかることはあっても、内裏では夜中前に一応全部が終るのが普通であった。

ところが、それからあと後宮の女房たちにとっては大忙しとなるのである。まず、元日の衣裳を整え、化粧などの準備のために動きまわり、頭を痛めなければならないからである。

そんな様子の一端を「紫式部日記」はうかがわせてくれる。

その年の追儺は早くすんでしまったので、紫式部は局《つぼね》にさがって、お歯黒をつけたり、童女に縫い物を教えていたりしていた。

このあとで同僚の弁内侍とうたたねをしていると、中宮の御室のほうから騒ぎ声が聞こえて目醒める。火事かと思ってあわて、中宮方に参上しようとすると、裸の女房が二人でふるえている。騒動は火事ではなく泥棒だったのである。

●社会の変化・進歩と共に行事のかたち・ありようも変わっていく

年中行事とは、一年の間に季節の順序にしたがって一定の時期におこなわれる公事である。ごく素朴な段階を考えれば、人間が生きている社会には、まず、年中行事はあり得たと考えられる。

日本の年中行事は、農耕作業が行なわれると同時にはじまり、農耕作業の行なわれるところには、年中行事があったとみるべきであろう。一般庶民が古代から行なっていた行事といえば、それは稲作儀礼としての予祝と収穫の感謝祭とにあった。

したがって一年をその方法によって大きく分けると、正月と春、秋のまつりとに分けられていたようである。そのようなごく素朴な時期においては、年中行事そのものが生活に全く即したものであったことが大きな特徴である。

そして未開社会からだんだんと文化が発達してくると年中行事もおのずと変化を来たし、季節美を重んずる文化的な行事もできあがってくる。と同時に儀式作法を重んじるようになってくる。

こうしてわが国の年中行事は、次の三つの過程を経て出来上ったものが多い。

1　日本民間の素朴なしきたり、風習が、宮廷に採用され宮廷行事となったもの。
2　唐からの輸入のもの。
3　両者折衷のもの。

文献に見える宮廷行事は、まず宴にはじまる。「日本書紀」の推古天皇の頃に、すでに正月七日、三月三日、五月五日などに宴が見えるが、やはり明確に宮廷行事が成立したと見られるのは、大化改新、律令の制定以後である。

「令義解」雑令には、正月一日、七日、十六日、三月三日、五月五日、七月七日、十一月大嘗日皆為節日

と七つの日が節日（節会）の日として規定されており、天智、天武から桓武天皇にいたる頃までに「六国史」によって、それぞれの年中行事儀式の成立を見ることができる。

桓武天皇は、平安京の制定とともに多くの行事の完成にも関心が深かったが、次の平城天皇のとき、天皇は節約の面から、民の苦しみを少なくするためいくつかの行事を停止させた。この時代は仲成、薬子の乱などもあって宴や儀式などを行っているどころではなかった。

次の嵯峨天皇は、天皇自身が文化人であり、漢詩などにも特に関心が深く、また秀れたものが多いことによってもわかるように、年中行事についても前に停止したものを復活すると同時に、桜の花を賞でる花宴も、このときより始まっている。

「内裏式」が、嵯峨天皇と藤原冬嗣によって完成。はじめて儀式に対する作法の書が作られ、完全な宮廷行事の成立を見るこ

とが出来る。平安時代には宮廷行事はますます栄え、醍醐、村上天皇時代の延喜、天暦の時には儀式としての整備もととのい、新たな行事も次々と生まれた。

　が、次の摂関時代の藤原氏全盛時代には、それにふさわしい小朝拝などという行事も出来、藤原氏貴族は女房たちとともに「みやびな宴」をたのしみ、その実態が「枕草子」「源氏物語」などに季節美の象徴となって美しくとりあげられている。

　一方公卿たちは、年中行事の儀式作法を正しく行なうために努力に努力を重ね、それがまた、彼等の心ばえや教養をはかり知られることとなって、式日は彼等摂関貴族たちにとっては、楽しんでばかりいられない政治家としての見識を知られる日ともなった。

　そこで源高明の「西宮記《さいきゆうき》」、藤原公任《きんとう》の「北山抄《ほくざんしょう》」大江匡房《まさふさ》の「江家次第《ごうけしだい》」など、よき儀式書が造られ、今に生きる我々もこれらの書によって、平安時代の儀式作法や社会を克明に見ることが出来る。

第二章

「後宮の女性」

ものしり22の史料

41 平安朝の後宮に集う女性たち

宮中の後宮《こうきゅう》には、皇后、中宮、女御、更衣などが華やかに集まっていた。

令制では皇后、妃（皇族から二人）、夫人（三位以上三人）、嬪《ひん》（五位以上四人）と決められていたが、桓武天皇の頃から妃以下の名が消え、女御、更衣などが現われてきたのである。

皇后は元来皇族出身とされていたが、藤原不比等の女光明子《こうみょうし》が聖武天皇の皇后となってからは臣下からも出られることになった。

中宮とは本来、太皇太后、皇太后、皇后の三宮の総称であった。ところが、一条天皇の時代に二人の皇后が立てられることになり、一人を皇后、一人を中宮と呼んだことから中宮は皇后の別称となった。中宮は皇后の別称とはいえ、皇后との身分の差はほとんどない。

42 はじめは地位が低かった女御と更衣

女御は、初めは嬪と同格で地位が低かったが、清和天皇と陽成天皇は皇后を立てなかったので自然に地位が高まり、二位などに除せられることもあった。そして、藤原氏の時代に入り、基経の女穏子《おんし》が醍醐天皇の女御となり、その後皇后に進んだことから、女御から皇后に進む例が多くなった。

更衣（衣を更《か》える意）は天皇の衣装の着付係を勤め、やがて同衾するようになった女御に次ぐ女官である。これも次第に地位が向上し、四、五位に除せられたり、女御に進む例もあった。彼女らは納言およびそれ以下の家の女から選ばれた。たとえば、光源氏の生母は桐壷更衣と呼ばれ、大納言の娘である。

冷泉天皇からは更衣の名が消えたが、のちに秀吉が養女を入内《じゅだい》させて復活した。

43　御息所《みやすんどころ》や御匣殿《みくしげどの》も天皇の寵愛を受けると地位が上る

御息所は天皇の御休息所は仕える女官の名称であったが、後には女御、更衣をはじめ職名が無くても天皇に寵愛される女性を指すようになった。

御匣殿は貞観殿の別名で、天皇の衣装を裁縫する場所である。ここの別当のなかから天皇の寝所に侍る女性もあり、女御になった者もあった。

44　女院《にょいん》は太上天皇に準ずるほどの待遇とされた

女院とは皇后や皇太后が出家してさらに尊ばれ、特に院号を授けられた人である。待遇は太上天皇に準じ、天皇の生母であることが条件であった。

一条天皇の時、皇太后詮子《せんし》（円融天皇の女御、一条天皇の母、道長の姉）が出家して東三条院と呼ばれたのが女院の初めである。

女院の称は、上東門院が父道長の邸上東門邸に由来するように、普通は父の邸の地名から名づけられることが多かった。

45 斉院、斉宮は内親王の就職先だった

賀茂神社に奉仕する斉院《さいいん》、伊勢神宮に奉仕する斉宮《さいぐう》は、ともに未婚の内親王や女王（内親王の宣下のない皇族の女子）が任ぜられ、天皇の即位ごとに選定される。

斉院は嵯峨天皇の皇女有智子内親王に始まり、斉宮は崇神天皇の皇女豊鋤入姫命《トヨスキイリヒメノミコト》に始まり、後醍醐天皇の時代まで続いた。源氏物語賢木巻にみえる伊勢下向の場面は有名である。内親王や女王は、世間並みに結婚をするのは恥とされ、一生独身で過ごす場合が多かったが、斉院や斉宮は格好の就職先となっていたのであった。

46 後宮の女房たちのホームグラウンドは

後宮に任える女性を、ごく身分の低い下女を除いて女房という。房（部屋）を給わって住む女の意である。

女房が集う後宮には、後宮十二司《つかさ》といわれる女性の職場があった。内侍司《ないしのつかさ》（天照大神の御霊代である神鏡をたてまつる賢所〔内侍所〕に奉仕する）、蔵司《くらのつかさ》（神璽、御装束をおさめる蔵を司る）、書司《ふみのつかさ》（書物、紙墨、楽器を司る）、薬司《くすりのつかさ》（医薬を司る）、兵司《つわもののつかさ》（兵器を司る）、闈司《みかどのつかさ》（御門の鍵を司る）、殿司《とのもりのつかさ》（燈火や薪炭のことを

宮廷婦人の正装だった十二単

司る)、掃司《かにもりのつかさ》(格子の上げ下ろし、掃除を司る)、水司《もいとりのつかさ》(飲みものを司る)、膳司《かしわでのつかさ》(御膳のことを司る)、酒司《みきのつかさ》(御酒を司る)、縫司《ぬいのつかさ》(裁縫を司る)である。

なかでも、特に重要な職は内侍司である。天皇のそばに常時仕え、奏請・伝宣・陪膳などを司り、女官の監督、宮中の儀礼を掌る。最初は従五位(長官)、従六位(次官)、従七位(判官)であったが、次第に地位が上がり、更衣に準ずる者もでてくるようになった。

尚侍《ないしのかみ》(長官)は二名、コウノトノ、カンノキミ、カンノトノとも呼ばれる。道長の娘威子・嬉子などもまず尚侍になってのち、皇太子妃になっている。

典侍《ないしのすけ》（次官・四名）はテンジともいい、たんにスケともいう。天皇の乳母は出身にかかわりなくこの地位を与えられたが、「讃岐典侍日記」の作者（堀河天皇の乳母）などはその例である。

また、たんに内侍と呼ばれるのはほとんど掌侍《ないしのじょう》（判官・四人）で、長橋に住んだので長橋殿ともいわれた。

内侍司には東豎女《あづまわらわ》（姫まうちぎみ、姫松ともいう）という、天皇の行幸の際に馬に乗って供をする女官もいた。紀朝臣季明という男姓名が代々つけられたものである。

47　女房にも上中下の階級があった

女房にも上中下の区別があり、上臈、中臈、下臈と呼ばれた。臈とは、本来僧の得度以後の年数を表わす語であったが、転じて序列や階級を指す言葉になった。

上臈は身分の高い人しか着ることができない禁色《きんじき》（青色、赤色の織物）を許された女房で、大臣の女や孫女が多く、いたって身分が高い。これに次ぐのは小上臈で、公卿や大中納言、殿上人の女などである。

中臈は公卿より下の家柄で、殿上人、医道、陰陽道の諸家の女であり、内侍以外の女官や命婦《みょうぶ》を指す。

下臈はさらに低い六位クラスの家の女で、摂関家の家司の女や神官の女などがなる下級女官であった。

女官の発音も、上級は「ニョカン」とい

い、下級は「ニョウカン」と特にのばして区別していた。

48　エリート女性の職場だった後宮

後宮の女性たちの多くは、当時のエリートであった。知的社会に順応できるだけの教養を身につけ、それをさらに磨くことを求めて集まってきたわけである。

後宮はまた、女性の最高の立身出世の場でもあったので、親たちも積極的であった。娘の栄達があれば、親兄弟もその恩恵にあずかることができたからである。

たとえば、紫式部は越前守為時の娘、清少納言は三十六歌仙の一人に数えられた歌人清原元輔の娘である。このように、後宮の女房には学者、受領階級の娘が多かったのである。

紫式部なども、一家の興隆の端緒となるかもしれないと考えられたであろうことは想像に難くない。

49　女性の教養に必須だった和歌と管絃

後宮の女性たちの教養とは、もっぱら和歌、管絃、舞踏などに精通することであった。だから、理詰めで物を考えることより、むしろ感性的であったということができる。そしてその感受性は後宮という女性の集団の中でお互いに磨きをかけ合い、研ぎすまされていった。

彼女たちの関心事は「匂い」であり「自

然美」であり「服装」であり、気のきいた会話を楽しむ美的生活のうちにおかれていた。

ほかに遊びが少なかったこともあるが、倦むことを知らず月の光を眺め、草花を賞《め》でて時のたつのを忘れるという情緒的な生活だった。夜には局に下って、月見をしながら同僚とのよもやま話で夜の更けるのを忘れるといった日々がくり返されていたのである。

50 後宮に渦巻く嫉妬

多くの女性が後宮という限られた場所にひしめき合い、天皇一人の寵愛を得ることに心を砕いていたのであれば、嫉妬が渦巻いただろうことも当然想像できる。

源氏物語によれば、天皇の寵愛を一身に集めていた桐壷更衣に対する嫉妬の様子が次のように描かれている。

「桐壺から天皇の住む清涼殿《せいりょうでん》へ行くにはたくさんの部屋の前を通らなければならない。帝がしばしばひんぱんに通い、桐壺更衣が行き来するのがあまりにたび重なると、他の女御、更衣が気をもむのも本当にもっともなことと思える。桐壺更衣が召されることが続く折には、廊下のあちこちに意地の悪い仕掛がされて、送り迎えの女房の着物の裾が痛んでしまうこともあった。また、あるときはどうしても通らなければならない廊下の戸に錠をかけ、人々が申し合わせ

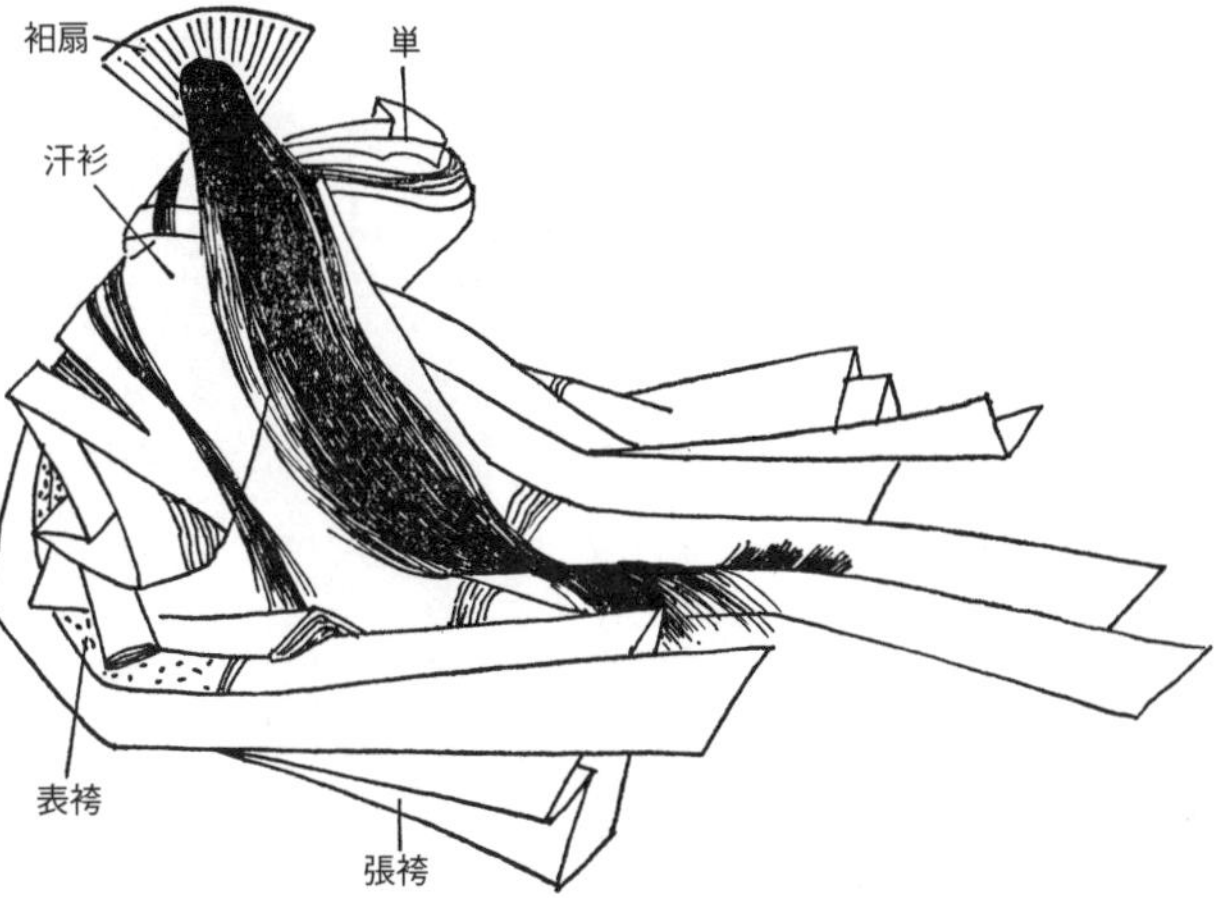

女性の汗衫《かざみ》姿《すがた》

て辱しめることもしばしばであった」

51　対立していた三つの女性サロン

一条天皇の時代には、三つの女性サロンがあり、各々に才女がそろってお互いに反目し合っていた。時期は多少ずれているが、一つは紫式部の仕える中宮彰子《しょうし》サロン、もう一つは清少納言の仕える中宮定子《ていし》サロン、そして村上天皇の内親王選子《せんし》の斉院サロンである。「紫式部日記」に、

「斉院に中将の君という人がいるようだ。この人の手紙をひそかに見る機会があった。なんともまあ思わせぶりで、自分だけが世の中でものの情趣がわかって思慮深い点では比類ないと思っているようだ。なんだか

むやみに不愉快で憎らしい。その手紙を読んでみたら『世の中にすぐれた女房が出現するとすれば、それはさしずめわが斉院こそそうした人を鑑別できるというものだ。(斉院には立派な女房がいる。自分もその一人だ)』などと書いてある。しかし斉院から出てきた歌にも格別すぐれたものはない。女房を比べても、私が見ている中宮方の女房に必ずしも優れているとはかぎらない。

斉院は世間から離れているので俗事にあくせくすることもないので、風流のありったけを尽すこともできるのだろう……」

と、まことに手きびしい評が書かれている。

52 清少納言もスキャンダル渦に巻きこまれた

女房たちは、退職する以外はめったなことで後宮から出ることはなかった。多くは宮中で起居していたのであった。

とはいってもまったく外出の機会がなかったわけではなく、ときどき里帰りすることもあった。病気、結婚、あるいは喪に服するなどの場合である。そのほか、理由なき理由のために里帰りすることもあった。それは、後宮の女同士の折り合いの悪さ、あるいはあらぬ噂(男女間のこと)を立てられたりしたためである。

清少納言が藤原道長と通じ合っていると噂され、やむなく里帰りしたことが、「枕草子」「紫式部集」「紫式部日記」に書かれている。さまざまな噂が渦巻く後宮の生活ではあっても、当時の女性にとっては最も魅力のある職場として女心をそそったものであった。

53　中宮安子《あんし》のヒステリー

村上天皇の中宮安子の気性は、大変激しかった。したがって、女御、更衣に対する嫉妬の念にもすさまじいものがあったと伝えられる。

藤原師尹《もろただ》の女宣耀殿女御芳子《せんようでんのにょうごほうし》は容姿がすぐれているばかりでなく、当時の美人の絶対条件である長い髪の持主であった。縁側から牛車に乗ると、体は車に入っても、髪の端はまだ部屋に残っていたという。このように美しい女御であれば、天皇の寵愛も一段と厚かったであろう。

ある時、天皇が芳子の局へ行ったことを知った安子は、壁に穴をあけてのぞいたのである。芳子の姿は、なるほど噂にたがわぬ美しさであった。カーッとした安子は、女房にその穴から土器《かわらけ》の破片を投げ込ませた。

ちなみに、村上天皇は多情な性格であり、七人の后妃をもち、子供の数は十九人。安子の妹で天皇の兄重明親王の妃であった登《とう》子《し》を見染めた時は、登子のもとにいつづけて「見ぐるしいまでに政務をとらなかった」そうである。「栄花物語」の作者といわれる赤染衛門《あかぞめえもん》に「男心というものはまったく情ない」といわしめたほどであった。

54　紫式部と清少納言の反目

「紫式部日記」の中に、清少納言に対する次のような評がある。

「清少納言は、高慢ちきな顔をして実に大変な女だ。漢字を書きちらしているが、よく見ると至らない点が多い。このように他人とちがって優れた者であることを好む人は、きっとろくなことにならないに決っている。

むやみに風流をふりかざす人は、ひどく荒涼としてそれどころではない場合にも風情を見つけようとして、見当はずれで軽薄なものになる。そんな軽薄さが身についた人の行く末はどうしてよいものか」

55　田植には余り関心のなかった清少納言

当時、宮廷人は庶民のことについてまるで無知であった。博識を誇り、それを鼻にかけたほどの清少納言でさえ、「枕草子」のなかでは次のようにその無知ぶりをさらけだしている。

「賀茂へお参りに行く途中、若い下層の女共が稲という物を沢山取り出して近所の家の娘達と稲こきをしている。多勢が歌を唄いながら立ったり伏したりして、私達が見たこともないくるくる廻る精米機械をまわしている。ただもう珍しく笑っている内に、郭公の歌を詠もうとしている事も忘れてしまった。」

これは、稲刈の光景のことであるが、自分の食べている米の作り方さえも知らなかったのであろう。

それればかりか、田植歌のなかの「ほととぎす、お前が鳴くから俺は田植をするのだ」という農民の苦労を歌う歌を聞いて、「ほととぎすのことを悪く言う人は、実に癪でにくらしい」と嫌悪の情さえもよおしているのである。

56　清少納言は醜女だった？

教養ある女性は、とかく理屈をこねずにはいられないものらしく、清少納言などはその最たる女性であった。なまなかな男性などはおよびもつかないほどであった。

「将来の見込がなく、頼りない男といかにも幸せげに結婚生活をしている女をみると軽蔑したくなってしまう（枕草子）」

そんな愚にもつかない結婚をするよりは、もっと教養を身につけることに努力すべきだというのである。才媛なるがゆえにそのような女性の生き方が歯がゆくてならないのだろうが、教養よりは女の幸せの中で生きることをよしとする一面の真理への理解が欠けているのである。それは、清少納言は醜女であったという俗説を生む。今でいう天然パーマであったという説もある。髪の美しさが美の基準になっていた当時、生まれながらにして髪がちぢれていたとすれば、大変なコンプレックスになっていたにちがいない。

57　きびしかった平安美女の条件

後宮に奉仕する女性は、選ばれた者であり粒揃いであっただけに、誰よりも美しくありたいという競争心は熾烈であった。美しい女であることは一つの才能をもって生まれたことと同じであり、その才能によって栄光への道を拓くこともできるのである。

ところで、美人のことを当時は「うつくしき」をみな（かわいい女）」「かほよき女（顔のよい女）」という表現を用いた。そのほかに「をかしげなる（心がひかれる）」「はなやかなる（目をうばうような）」「みめかたちすぐれたる」「きよげに（さっぱりとしている）」「らうたげに（いたわってやりたいように）」「らうらうじく（利発でスキのない感じ）」などの修飾語をつけても言われている。

顔が美しいことも当然であるが、それに加えて髪と手が長いことも美人の絶対条件とされていた。

嵯峨天皇の皇后橘嘉智子は「手は膝にすぎ、髪は地に委《ゆだ》ぬ」絶世の美人と謳われた。膝の下まで手がのびている法華寺の十一面観音は、この皇后をモデルにしたと伝えられる。

58　背高のっぽの女性は美の評価が低かった

顔かたちはよくても、次のような場合には美人とはいわれなかった。

まず背が高い（正確には何センチ位かわからない）こと。どんなに髪が長く、顔がよく手が長くて美しくても、大きく減点されたわけである。次はちぢれ毛。髪は女の命とまで思われていたので、艶なくちぢれていたのでは大女以上に減点された。

59　紫式部が美人コンテスト審査員だったら

紫式部が美人コンテストの審査員だったら、どんな容姿の女性がミス平安になるであろうか。「紫式部日記」からひろってみるところによれば、おそらく次のような条件の女性であった。

体格はどちらかといえば小柄、色は白く、肌理こまかく、額は広くなく突き出ていず、鼻は長大ならず、赤からず、カギ鼻で小さく、額の形は「ふくらかなる（ふっくらと丸みをおびている）」のがよく、顔立ちは「豊下《おもふくろ》」すなわち下ぶくれであるのがよい。

痩せているよりは、むしろ「つぶつぶ（まるまる太ったさま）」と太っていたほうが美にかない、ひょろりと背の高い女など女でないとさえ考え、目は大きくなく、引目であったほうがよい。くちもとは大きくなく、引きしまっていて、手は白く細く、

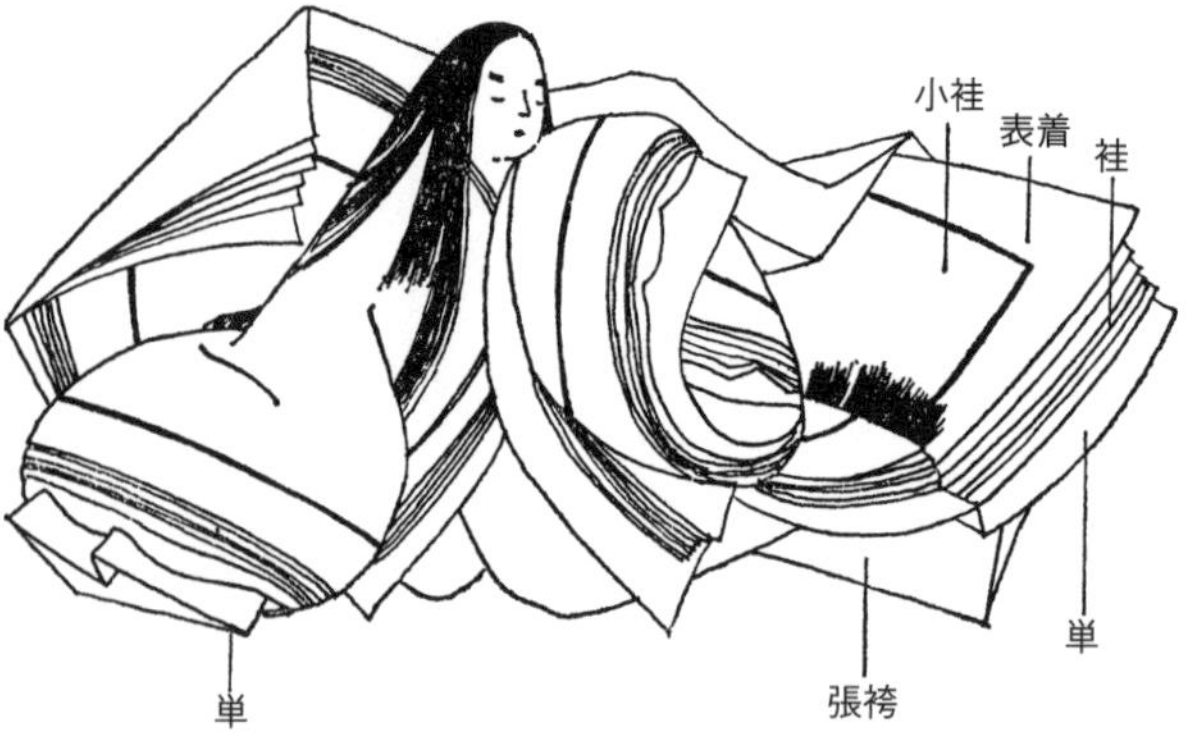

女性の小袿《こうちぎ》姿

やや肉づきのあるぽってりとした感じがなければならず、髪は黒く艶やかでなければならないのは当然である。

また清少納言も、「枕草子」に「小さきものはなにもなにもみなうつくし」と書いているように、小柄でひかえめの人が、当時は好まれたのである。

60 「朝顔」はねぼけ顔のこと

「朝顔」という言葉の響きに清楚な花を想像しがちであるが、当時「朝顔」といえばまず第一に寝起きの、まるで冴えない顔のさまを意味していた。そして、人に朝顔を見られることを恥としていた。

清少納言が藤原行成に寝起きの顔を覗き

見される羽目になって、大いに恥じたことを「枕草子」に書き残している。また、紫式部も藤原道長に朝顔を見られてしまった。道長が早朝に女郎花を手折って現れ、会わぬわけにはいかなくなってしまったのである。その戸惑いは「紫式部日記」に書かれている。

後宮の女性たちは、かなりの厚化粧をしていたので肌の荒れは相当ひどかったらしく、朝は人に会わないのがならわしとなっていた。

なお、植物の「朝顔」には①キキョウ②レンゲ③今でいうアサガオなど諸説がある。

61 才ある女性は教養をかくす

紫式部から「学問をふりかざし、教養を誇示する女」とそしられた清少納言ではあったが、自分の知識を生のかたちでひけらかしていたわけではなかった。

あるとき、頭中将斉信から「白氏文《はくしもん》集《じゅう》」の一節「蘭省花時錦帳下」の対句を答えよと求められたことがあった。清少納言は「廬山雨夜草庵中」と暗誦していたにもかかわらず、知ったかぶりを恐れ、漢字で麗々しく書くのも見苦しいと考えて、火鉢の中から炭を取り上げ「草の庵を誰か尋ねむ」と返事を書いた。対句を知っていることを匂わせただけにとどめたのであった。しかも、この語句は、当時の流行歌人藤原公任の詠んだ歌の下の句だったのである。彼女はそこまで幅広い知識を身につけていたのであった。

こうした教養の深さは、紫式部や清少納言だけではなかった。後宮の女性たちは、この二人の才女に近い教養をもっていた。宣耀殿の女御は、村上天皇に「古今集」を知っているかどうか試された。すると、一つも間違わずに詠唱してみせ、天皇を驚かせたという。ただ、この場合も初めから終りまでをまくしたてるのではなく、下の句だけをつつましく答えるのである。

知識としてもっていても、それを婉曲に表現することが教養ある女性のたしなみであった。

62 紫式部の宮仕女としての役目

紫式部は教養の深い女性として認められていた。藤原道長は自分の娘彰子を中宮として立派な女性に仕上げていくには、まず教養をつけなければならなかった。紫式部は、日記に、堂々と「白氏文集」を中宮彰子に教授していることを書いている。紫式部は、道長が紫式部の父為時と逢い、話がまとまって中宮のもとに入った。当時の女房たちは、うへの女房と宮の女房に分れ、うへの女房とは、内裏に宮仕する後宮十二司の女性、みやの女房とは、中宮に仕える女房たちだった。紫式部をはじめ、これらの女房たちは、中宮の実家でさがしもとめ、道長の娘中宮に宮仕させたものであって、その文人としての才能を認められ、藤原摂関家が隆盛になるにつれてこの種の女房たちが続出したのである。また、摂関家が、それらの優秀な女房たちを中宮のもとに集めることは、外戚の発展の上にもいずれ大きく反映することとなり、道長の兄、道隆が清少納言を我が娘中宮定子に宮仕えさせれば、また、道長も紫式部をはじめ、赤染衛門、和泉式部などと、それぞれ文才にたけた女性たちを集め、それぞれ絢爛たる作品を書きあげ、競い合うのだった。

●二后並立は中宮彰子の立后にはじまる

　道長は長徳元年（九九五）内覧の宣旨をうけ、翌二年には左大臣となった。この時から左大臣・内覧宣旨と道長の権力は、大きなものとなり、兄道隆亡き後の伊周、定子一家（中関白家）を圧倒していった。定子は、これより先、一条天皇の中宮となり、伊周は将来を期待していたのであるが、道長の彰子入内とともに、はかなく衰退の一路をたどる運命にあった。

　道長は、政治的地位を確立するためには、皇室に対して外戚関係を作っておかねばならないということを早くから自覚していた。彼は、彰子の成長を待ち切れず、十二歳ではは当時としてもまだ若すぎるきらいはあったが、長保元年（九九九）十一月、彰子を入内せしめ、定子の第一皇子敦康親王の誕生と同日に女御とした。道長としては、何とかして彰子を早く立后させねばならない、そのような気持で一杯だったのである。

　また、彰子は容姿も美しく、聡明であり天皇も彰子を大変に愛されていた。しかし、一条天皇には既に中宮定子がおられる。一人の天皇に二人の后、これはいままでに例のないことである。

　さすがの道長も、これはそう簡単に実行に移そうというわけにも行かず、いろいろとその立后の理由についても思いをめぐらしていたのであろう。これについて背後から援助をもたらしたのは、姉で一条天皇の母后である東三条院詮子である。

　また、当時、蔵人頭であった藤原行成は道長の親友であり、彰子の入内、立后に積極的に協力している。行成は東三条院詮子のこれに関する意見書を一条天皇にとどけ、また、道長の意向をも天皇並びに詮子に伝達などし、道長は行成に対して、その友情を大いに感謝していることが行成の日記「権記」に記されている。また同じく「権記」には、彰子立后の理由についても次のように書かれている。

「藤原氏の皇后は、全部、現在は出家の身である。東三条院詮子、藤原遵子、また定子も長保二年、伊周、隆家の不祥事件によって尼となった。これでは氏神の祭に奉仕する皇后が一人もいない。藤原氏の氏神に申しわけがないことになる。新たに后を立てて氏祭を掌らしめなければどうにもいけない。我国は神国であるから神事をもって先にするのが当然である。」

と、そのような理由から道長は彰子立后に理由をつけて貫徹したことが明らかである。

　さて、これより一人の天皇に二人の后が存在することとなり、中宮と皇后が別のものとなった。中宮は、もと三宮の通称であったが、今までは中宮は皇后の別称であり、したがって、一人の后を皇后とも中宮ともよんだのである。これを並立することは、皇室としてもあまり喜ばしいことでないことは当然である。

道長が、外戚関係をきずくことに懸命であったためにおこなった新たな政策であり、摂関の権力が、このころになればいかに大きくなり、また天皇が幼帝であったことによって摂関政治がいかに権力をのばしつつあったかということを物語るものであろう。

第三章

「皇族・貴族」

ものしり41の史料

63 怨霊への恐怖も平安遷都に一役買っていた

桓武天皇が長岡京を造営していた頃、次々に凶事が起こっていった。延暦七（七八八）年の夫人旅子《たびこ》の死に始まって、高野《たかの》皇太后、皇后乙牟漏《おとむろ》の死などがあいついだのである。

それらは早良《さわら》親王の怨霊によるものと信じられていたが、皇太子の病を占った陰陽師によってそれは決定的になる。

そして、天皇の怨霊への恐怖はおさえがたいものとなり、たたりをめぐる秘話は宮中から漏れ、庶民の間にささやかれるに及んで世の不安はつのるばかりであった。そこで、天下の人心を一新し、革新の政治の必要性がたかまってきた。

そんな状況の中で、〝平安の都を！〟という願いを込めて造られたのが平安京である。それを天皇に勧めたのは和気清麻呂であった。長岡京遷都からわずか七年、延《えん》暦《りゃく》十三（七九四）年のことであった。

さらに、長岡の地は水害を受けやすかったこと、狭すぎたことなどが平安遷都の大きな理由であった。

64 桓武天皇は血統コンプレックスだった

家柄、血統が最も重要視されていたのはこの時代である。

天智天皇後は天武天皇の系列が皇位を世襲していた。藤原百川の策略によって立った光仁天皇、その子の桓武天皇はその系列の外にいたのである。

桓武天皇の母の高野新笠《たかののにいがさ》は帰化人の子孫であり、高野氏は百済《くだら》の王族で、帰化してからはその名は高くなく、又奈良時代には帰化人の子孫は朝廷に重用されなかった。天皇は母系が賎しきために、容易に皇太子になれなかったのである。

血統に対する負い目、そして前の早良皇太子を廃して、自分の子安殿《あての》親王を皇太子に立てたことの負い目……。桓武天皇はこれらの負い目を背負って生きなければならなかったのである。

65　最初に水を制することから始まった新都の造営工事

桓武天皇が「この国は山河襟帯《きんたい》、自然に城をなす」といい、山背国を山城国と言い改めたこの地は新京造営に絶好であった。東、北、西には山が連なり、北部からほぼ中央を通って南下する鴨川、西から鴨川に合流する桂川、東の山すそを流れて鴨川に合流する高野川が流れる盆地である。

しかし、都の中心部を洪水の危険から守るためには、中央を貫通する鴨川を移動させなければならない。そこで、もっと東辺、つまり現在の鴨川の位置に移動させるための大規模な治水工事が行なわれた。先の長岡京が水害を受けやすい土地だったために、まず最初に水を制することから都の造営が始まったのである。

そして、鴨川、桂川から淀川を経て広く瀬戸内海に通じる水上交通のルートも開かれた。

この両治水工事によって、平安京の平安と繁栄が約束されたのであった。

66 平安遷都と蝦夷征伐は桓武天皇の二大事業だった

平安京の造営が着々と進行している延暦二十四（八〇五）年、天皇は、藤原緒嗣《をつぐ》に、天下の徳政を論じさせたところ、彼は「今天下が苦しんでいるのは、東北への軍事と新京の造作である。このふたつを止めれば百姓は安堵するであろう」と論じた。これが動機となって天皇は造営を中止し、三日後に造営職も廃止になった。

しかし、その後も公式に造営職がおかれた形跡はない。

このほか、桓武天皇の事業は、仏事僧侶の粛正、班田租法の励行など、また、地方政治の刷新など律令政治の励行にあった。

宮城の南面中央の正門を朱雀門といい、朱雀門より朱雀大路が南に通じて京を二分し、東を左京、西を右京といい、その南端の羅城門は京の正門として、厳としてそびえ立っていた。

また、西の京（右京）は荒廃が烈しく、人家はまれであった。「源氏物語」夕顔の

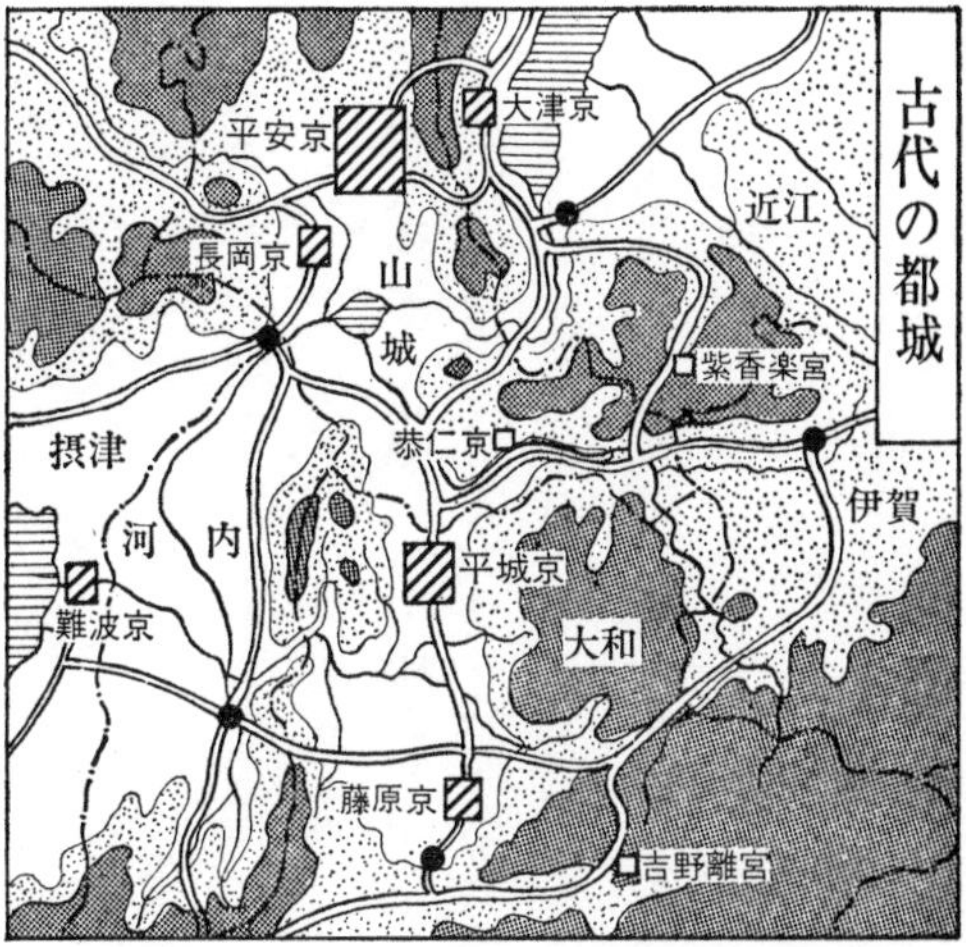

巻にも「玉鬘が西の京のような淋しい所で成長するのは切ない……」という侍女の言葉がみられる。

これは、平安京は未完成のままであり、都の繁栄は左京に片寄っていたことを示している。

67　鴻臚館は外国の使節を迎える場所だった

鴻臚館は、外国の使節を迎えるための、いわば迎賓館である。太宰府、摂津の難波、そして京の七条朱雀大路におかれた。京のが一番有名である。ここは、大陸文化と日本文化の交流の拠点でもあり、使節と日本の文化人との間に、友情と詩の交歓などがおおいに行なわれた。その風景は「和漢朗詠集」の後江相公の詩に読みとることができる。

また、外国の珍しい品物の、隠れた取り引きも行なわれていたという。

68 桓武天皇には建築家の眼力があった

羅城門建築中、桓武天皇は一度巡幸になった。門を見て「この門は高すぎて風に吹き倒される恐れがある。用心のために一尺だけ柱を切りなさい」と大工に命じたのである。ところが、大工は一尺切るのはもったいないと考え、五寸だけ切っておいた。

門が出来上がって再び巡幸になった天皇は「惜しいことをした。あと五寸切っておくべきであったのに……」と仰せられた。

大工は天皇のこの眼力にびっくりして気を失なったというが、はたしてその言葉通りに三度も風に倒されたと伝えられる。これは、「宇治大納言物語」に伝えられた面白い説話である。

69 羅生門ではなく羅城門が正確

大内裏の南をかためるのが朱雀門なら、京全体の南をかためて高くそびえるのが羅城門である。

「今昔物語」に題材をとった芥川龍之介の小説「羅生門」で有名。しかし、後世「羅生門」というのは誤りで、「羅城門」が正しい。

当時の羅城門は人里離れた野中にポツンと立っていた。そこで次第に死体の捨て場や盗賊のたまり場となり、「羅生門」のような奇怪な伝承が生まれたものである。

70　藤原宗成にぬれぎぬを着せられた伊予親王事件

平城天皇即位の翌年大同二（八〇七）年秋、天皇の異母兄弟の伊予《いよ》親王（母は藤原是公の娘吉子。これは藤原氏南家、武智麻呂の孫。）が皇位をねらっているという噂がたった。

親王をそそのかしたのは無能だが悪知恵にたけているといわれる藤原宗成であった。宗成は捕えられると首謀者は伊予親王であるといいはり、伊予親王のいいぶんは認められなかった。

そして、親王母子は大和国川原寺に幽閉中、毒を飲んで自殺、宗成は流され、時の大納言雄友（是公の子）も連座して流された。中納言乙叡は、事件に直接関係がなかったにも拘らず、官を解かれ、公卿の上位を占めていた南家の二人が退けられ、その後、公卿の中には南家の人間を見なくなった。

この事件を世間の人々は「親王母子は無能なくせに悪知恵にはこと欠かない宗成にぬれぎぬを着せられた」と同情し、その後の災いを「親王母子のたたり」と噂した。そのために、歴代の天皇はこの親子の墓に

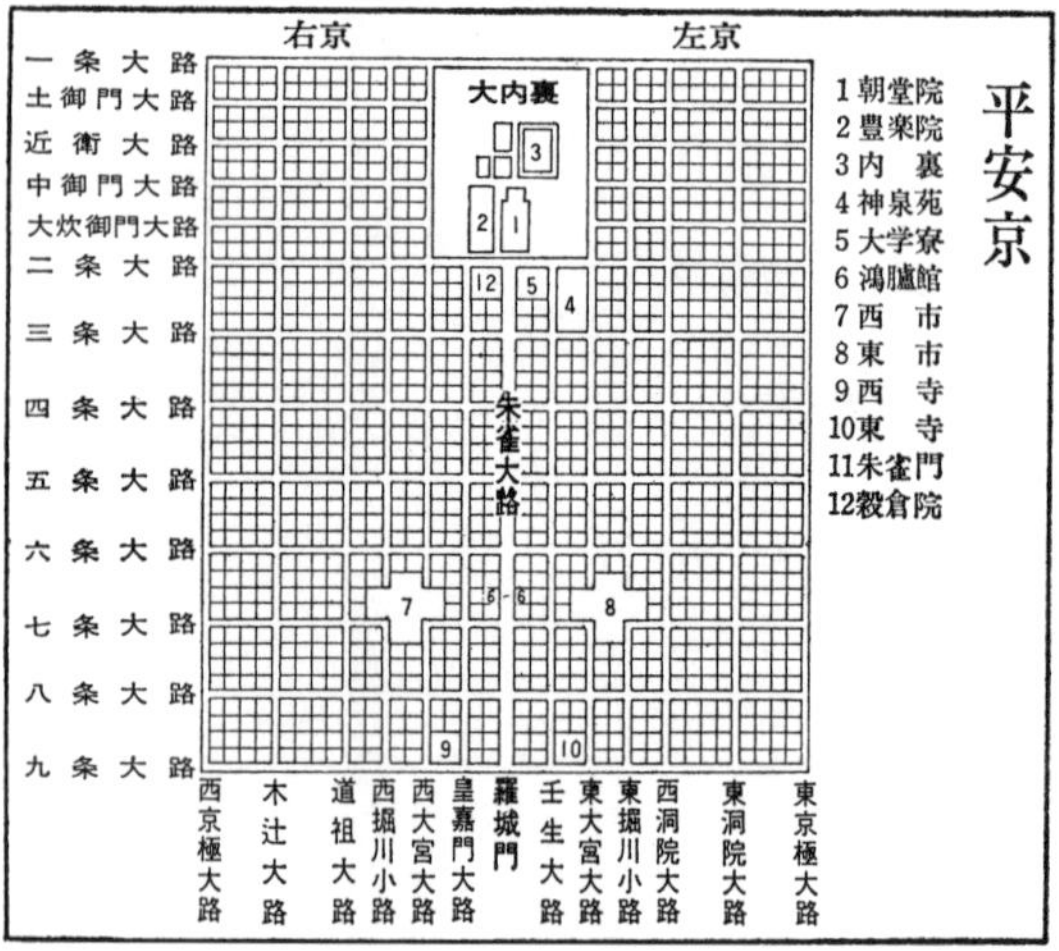

使者を送って霊をなぐさめなければならなくなった。

しかし、この事件の本当の黒幕は、藤原仲成《なかなり》、薬子《くすこ》兄妹だったのである。仲成は藤原氏式家であり、式家の栄達のため親王及び藤原氏南家の人々がさまたげとなったのである。仲成はこれを除こうとして不埒な考えをいだき、それを伊予親王に結びつけ、罪をきせたのだった。

仲成は式家種継の子であり、策略にすぐれていることは、子孫代々の伝統である。宗成は北家永手の子孫で仲成にさそわれて、この事件の表面に立った。伊予親王事件は、式家と北家とが南家の権力をほろぼすためにおこした一つの事件であるとみることも出来よう。

その上、桓武天皇の兄弟継承の問題（すなわち、平城は、桓武の遺志によって、皇子をさしおいて賀美能親王を皇太子にたてた。そこで桓武の親王、伊予親王の事件がおこったのである。）が、これにからみ、伊予親王事件は、遠因になると同時に、次の仲成、薬子の乱も桓武天皇の皇子平城天皇と嵯峨天皇の不和より発したものである。

71　平城上皇に政権をもどそうとした藤原仲成・薬子のたくらみの失敗

藤原種継の娘薬子は故中納言藤原縄主《ただぬし》の妻であったが、その子が皇太子時代の平城天皇の後宮に入ると自分も尚侍として仕え、親子そろって寵愛を受けた。桓武天皇はこれを嫌い、一度は追い出されたこともあったものの、平城天皇が即位してからは権力を欲しいままにしていたのである。酒癖が悪くあつかましい性格と噂される兄仲成の栄達も、この薬子の手腕によるものであった。

さて、いったん皇位を嵯峨天皇に譲ったのちも、平城上皇は太上天皇として平城京に居をかまえていた。そして、大同五（八一〇）年九月六日、平安京を廃して平城京に遷都するようにと異例の命令を出したのである。

嵯峨天皇は、遷都における混乱を鎮めるためという名目で伊勢（三重県）、近江

（滋賀県）、美濃（岐阜県）の関をかため、仲成を左遷、薬子の官位を奪うと発表した。これを知った上皇は壬申の乱の天武天皇にならって東国へ向かおうとしたが、すでに坂上田村麻呂のひきいる天皇側の兵は平城京をとりまいていたのであった。上皇は出家、薬子は自殺、捕えられた仲成は獄中で射殺された。

72 ツカサとは「小高い場所」の意味だった

ツカサとは「小高い場所」の意であり、転じて官職の名称となった。官職についた人をツカサビト、またはマエツギミ（天皇の前に候《さふら》う公《きみ》）、トネ（伴之部《とものべ》、また殿寝《とのね》の略）、宮人などとも言った。

平安時代の官職は、神祇官《じんぎかん》、太政官《だいじょうがん》の二官と、中務省《なかつかさしょう》、式部《しきぶ》省、治部《じぶ》省、民部《みんぶ》省、兵部《ひょうぶ》省、刑部《ぎょうぶ》省、大蔵省、宮内省の八省があった。そして、警察武官に弾正台、近衛府、衛門府、兵衛府、馬寮、兵庫寮、検非違使庁、外官（地方官）に京職、市司、太宰府、国司、郡司、そのほか蔵人所、院司、春宮坊などがある。

73 官吏は四階級に分けられていた

すべての官職は四階級に分けられ、長官《ちょうかん》、次官《しかん》、判官《ほうかん》、主典《しゅてん》といわれていた。これはカミ（長官）、スケ（次官）、ジョウ（判官）、サカン（主典）とも呼ばれ、それぞれの官職によって当てる字がちがっている。たとえばサカンの文字は、史、録、属、令史、疏、志、目などが使われていた。

長官は事務をとりしまり、次官はそれを助ける役目、判官は役所を取り締って日常の事務を担当し、主典は書記である。

74　清涼殿の殿上の間へ昇殿をゆるされた人を殿上人という

この時代、官人に階級ができ、公卿《くぎょう》、殿上人《てんじょうびと》、地下の三つに分けられた。公は摂関大臣であり卿は大中納言で、三位以上を公卿といった。また、月卿《げっけい》、上達部《かんだちめ》、棘路《おどろのみち》ともいわれる。殿上人とは四位、五位（蔵人は六位まで）で、清涼殿の殿上の間に昇殿をゆるされた者をいう。地下とはそれ以下で、昇殿できない者であり、公卿、殿上人を堂上というのに対する語である。

昇殿を許された者は、殿上の間の竹の札に名前を書きつけ、これを「ふだにつく」「仙籍を許される」といった。殿上人が罪を犯すと当然昇殿をさし止められるが、その場合「地下の公卿」「地下の上達部」などという。

75　太政官（内閣）よりも位が上だった神祇官

祭典をつかさどり、全国の神社を統轄するのが神祇官である。神祇を尊ぶ思想から、太政官の上に神祇官をおいたのである。神祇官の長官である伯《はく》には親王が就任し、「王」と称した。王とは皇族の尊称であり氏ではないが、この場合にかぎって「王氏」と呼ばれる。のちに、白川家、伯家が長官に就任し、次官以下には大中臣《おおなかとみ》、忌部《いんべ》(藤原時代に衰退した)、卜部《うらべ》(京の吉田に住んでいたので吉田卜部といわれる)の三姓が就任するのが例であった。

太政官は今でいう内閣、国政を行なう義務と責任をもつものである。長官格には太政大臣、左大臣、右大臣がありそれぞれ一名、次官格には大納言四名が就任することが令制で定められていた。しかし、奈良時代以降内大臣、中納言、参議など令外の官(令制にないポスト)が増えていくが、これは政治が多端になったからということもあるが一面、貴族の名誉欲に応ずるためであったともいえる。

76 太政官の政務を補佐した八つの省

太政官の政務は多岐をきわめていたので、三つの局に分けて事務の円滑をはかった。少納言局は太政官の政務の補佐、左弁官局は中務、式部、治部、民部の各省を、右弁官局は兵部、刑部、大蔵、宮内の各省を分割して庶務をつとめた。

太政官の下におかれる八省の職務は次のとおりである。

中務省・中は禁中の意で、天皇に侍従し、詔勅、女官のことから警護までをつかさどる。天皇、皇后などの側近くつかえるために、八省の中でも一番待遇がよい。

式部省・朝廷の儀式、官吏の勤務評定、学政をつかさどる。

治部省・五位以上の者の冠婚葬祭を支配する。

民部省・人民の戸籍、租税、治山治水など民政を担当する。

兵部省・軍事に関するいっさいをつかさどる。

刑部省・訴訟を裁判し、罪人を処刑する。

大蔵省・天皇家の宝物、銭貨などの財産を管理する。

宮内省・宮中の事務、調度、調物をつかさどる。

77　衛府《えふ》は護衛、弾正台・検非違使は警察

衛府は皇居を護衛し、儀式に威厳を添え、行幸《ぎょうこう》（天皇の外出）、行啓《ぎょうけい》（皇后、皇太子、皇太子妃などの外出）の供をする官である。

近衛府は内裏の警護、衛門府は宮城の門の警護、兵衛府は門以外の宮城の警護を担当し、各左右衛府があって六衛府と呼ばれた。

弾正台は令制の警察機関で、風俗を取り締り、都の内外を巡察し、役人の不正を摘発した。「弾」とは糺《ただ》す意である。

検非違使は、京中の非法違法を検察する官で、令外の官である。やがて訴訟、裁判も扱うようになって平安時代には強大な権勢をもった。そして、次第に弾正台の職権

を兼ねるようになり、弾正台は有名無実の官になっていった。

78 蔵人頭は天皇の秘書だった

伊予親王の変により南家が大打撃をうけ、薬子の事件で式家も失脚すると、内麿を中心として北家が栄えることになった。内麿は温雅な性格で、興福寺南円堂の建立を計画するなど、穏やかな人柄の持主であった。その子冬嗣は父親ゆずりの温厚な性格をもち、弘仁元年（八一〇）蔵人頭に任ぜられた。嵯峨天皇は、冬嗣を大変信頼され、冬嗣が最初の蔵人頭に任ぜられたということは、平城上皇との緊張した間柄を処すためのものであったと見ることも出来よう。

そもそも蔵人とは天皇の秘書官である。初めは皇室の文書や道具類を納める倉を管理する役目（蔵を司る人、すなわちクラヒトの音便形）をもっていたが、嵯峨天皇が薬子の乱にそなえて秘密文書を扱わせたことから、重要な地位をしめるようになった。後には天皇への奉上、天皇からの命令を取り継ぎ、諸官職の任命、儀式などをつかさどるようになり、太政官の少納言、中務省の侍従の職権があった。

この時代には最大の勢力をもち、蔵人頭になれば必ず参議に昇進できたという要職である。このように、天皇の近くに仕えるために待遇もよく昇殿を許されるのも、普通は五位までであったが、蔵人は六位まで

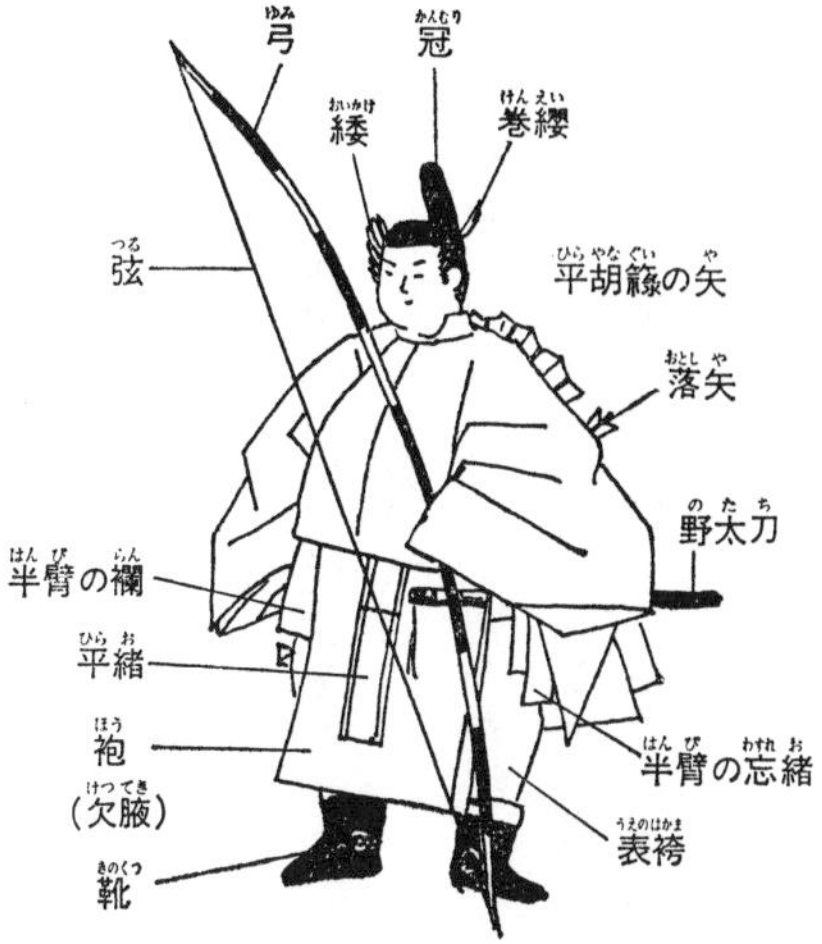

武官の正装だった束帯《そくたい》姿

である。

　長元《ちょうげん》二（一〇二九）年、源経頼《つねより》は蔵人頭《くろうどのとう》に任命された。このとき五十五歳の経頼は喜びのあまり手離しではしゃぎまわった。あまりの態度を見かねた僧が忠告をすると、「世間広しといえども、二十人の参議を除けばおれが一番えらいのだ！」と言ったという。

　蔵人頭で近衛中《このえのちゅう》（少）将《じょう》を兼ねている者を頭中《とうのちゅう》（少）将《じょう》、弁官を兼ねている者を頭弁《とうのべん》といった。

79　法皇《ほうおう》もちぢみあがる検非違使の権勢

　嵯峨天皇のときにおかれ、京中の違法を検察、摘発し、犯罪人をとらえた検非違使は後には訴訟裁判も扱い、蔵人と並んで権勢を誇った職である。

長徳三（九九七）年の賀茂祭の際、花山《かざん》法皇の一行が参議の藤原公任《きんとう》、藤原斉信《ただのぶ》に乱暴をはたらくという事件が起った。これを聞きつけた藤原道長は天皇に奏上し、天皇は検非違使に法皇の従者をとらえよとの命を下したのである。

検非違使が来ることを知った法皇一行は、牛車を全速力で飛ばして院に逃げ帰ったものである。検非違使はそのあとを追い、花山院を取り囲み、垣の上に登って気勢をあげたという。

ちぢみあがった法皇は下手人を差し出し一件落着となったという話は、当時の検非違使の権勢を物語るものである。

80　悪事も働いた検非違使の下役

検非違使の下役には放免《ほうめん》者を使う場合も多かった。犯人逮捕のためには悪の世界に詳しい前科者を使うのが便利であったからであるが、これは江戸時代の目明かしも同様である。

しかし、その本性を現わして悪事を働くことも多く、制限をこえた華美な服装をしている者の衣装をうばったり、禁制品でもない市女笠を切りさいて女をからかうこともあった。

御殿の破れたすだれを見て、「まるで検非違使にぶつかったようなざまだ」と表現したという逸話も残っている。

81　律令制のほころびをつくろう令外《りょうげ》の官《かん》

大宝律令から百年余を経たこの時代には、現実にそぐわない令制のほころびが目立ってきた。官制も同様で、実務を処理していくにはまわりくどくて実際的でない面が多くなってきたのである。

そこで、令以降に世の変遷に従って新たにつけ加えられた官を令外の官（律令制にない官）という。検非違使、勘解由使《かげゆし》、近衛府、斉宮寮、修理職、鋳銭司、施薬院使、蔵人所、陸奥・出羽按察使、参議、中納言などが令外の官である。

政治体制が複雑になったためにおかれたもののあり、検非違使、蔵人所のように弾正台や中務省の職権にくい込んで令内の官（律令制にある官）を有名無実にしたものもあり、また貴族の出世欲に応ずるために新たに設けた参議、中納言などの官もある。

いずれにしても、中央集権の体制を維持していくための必要から生まれたもので、令外の官に共通の実際的な面が高く評価された。

82　一門の繁栄のためにぞくぞくと出現した私立の大学

朱雀門前には、官立の「大学寮《だいがくりょう》」を初め、学問の中枢ともいうべき学校街があった。皇居前の要所に学校街をおいたことは、この時代の教育熱心さを物語る。

和気氏の「弘文院《こうぶんいん》」、藤原氏の「勧学院《かんがくいん》」、皇族の「奨学院《しょうがくいん》」、橘氏の「学館院《がくかんいん》」などの私学は一族の子弟の教育に限られ、しのぎをけずって一門の繁栄のために学門を奨励したのである。

同じ私学でも空海の開いた「綜芸種智《しゅげいしゅち》院《いん》」は貴賤貧富の差なく入学させる純然たる私学としてユニークな存在を放っていた。

当時の学科には、経書専攻の明経道《みょうぎょうどう》、歴史、詩文専攻の紀伝道《きでんどう》、法律専攻の明《みょう》法道《ほうどう》、そして算道《さんどう》に分かれ、教官である博士の地位も確立されていったのである。

83 良房の演出で台頭する藤原北家の勢力

不比等以後、南家、北家、式家、京家に分かれて互の勢力を競っていた藤原氏も、承和の政変によって決定的に北家が有勢となった。

大家父長嵯峨上皇の死後、淳和《じゅんな》天皇の子恒貞《つねさだ》皇太子を廃し、仁明天皇と藤原冬嗣の女順子との間に生まれた道康親王を皇太子に立てるという演出家は、他ならぬ良房であった。

淳和天皇の次に天皇に立った文徳天皇（道康親王）は良房の甥である。そして、文徳天皇と良房のひとり女《むすめ》明子との間に生まれた惟仁《これひと》親王は、わずか九ヶ月で三人の兄をさしおいて皇太子に立ち、九歳で清

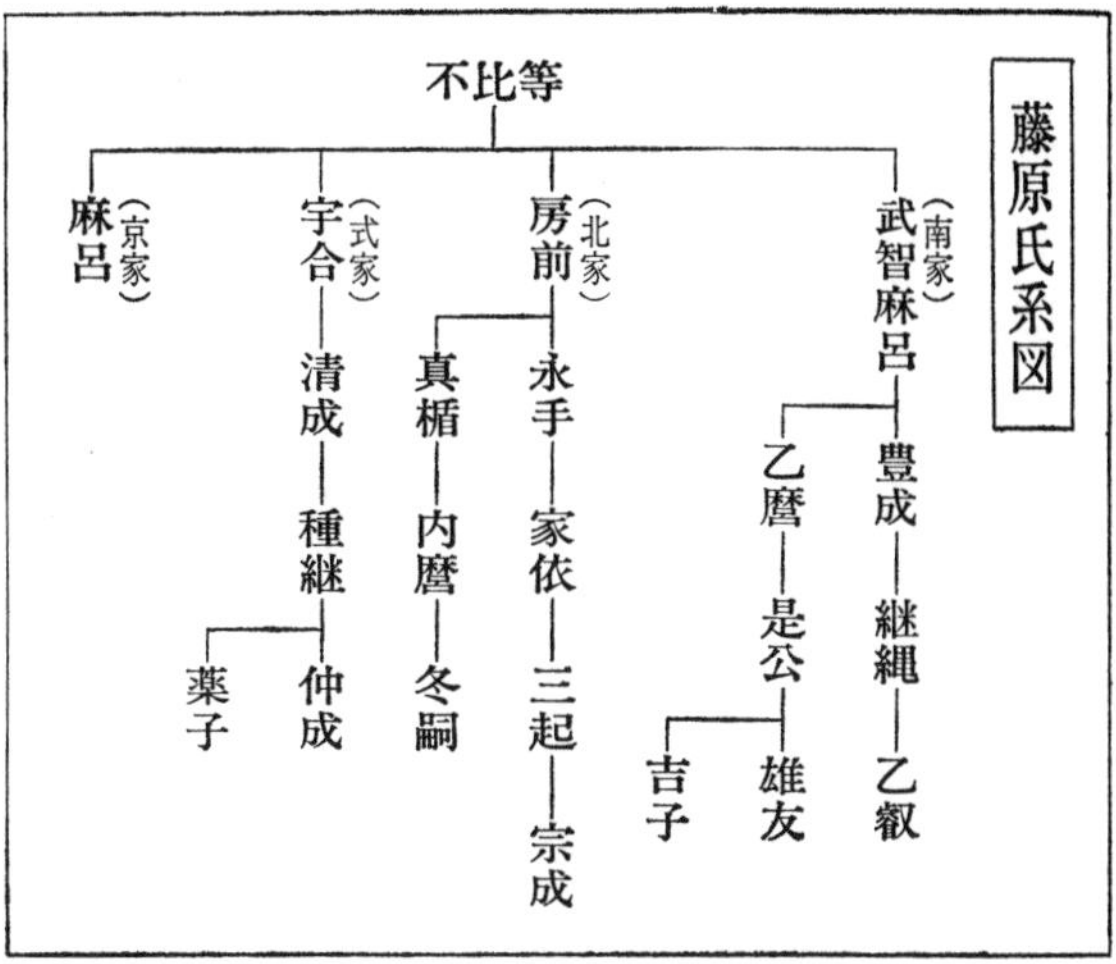

和天皇として即位する。すなわち、天皇は良房の妹順子より生まれており、皇太子は良房と嵯峨天皇の皇女源潔姫との間に生まれた明子より生まれている。このことからして、皇室と良房の関係は、ますます深くなった。

この時期から天皇と藤原北家との外戚関係がはじまり、藤原氏の華麗な栄華が幕開くのである。

84　応天門の変で自ら墓穴を掘った伴善《ともよし》男《お》

奈良時代に勢力を誇った大伴氏も、平安時代に入り、藤原北家の台頭に反比例して衰退していった。そして、大伴氏最後の大納言が伴善男である。

善男は、幼い頃から優秀な頭脳には定評があったが、悪がしこくかわいげのない「黠児《きつじ》」と呼ばれていた。しかし、その冷徹で学問好きなところが仁明天皇の目にとまり、承和八（八四一）年に大内記に就任してから、参議右大弁と官位をすすめ、貞観六（八六四）年には大納言兼民部卿太皇太后宮大夫という異例の出世をとげたのである。

善男の次の狙いは、左大臣源信《まこと》を失脚させることにあった。そこには背後に太政大臣藤原良房および右大臣良相の陰謀も多少加わっていることを認めねばならない。宮中に「左大臣がよからぬことをたくらんでいる」という噂がひろまり、貞観《じょうかん》八（八六六）年春、閏《うるう》三月十日の夜の応天門《おうてんもん》放火の嫌疑は源信にかかってきた。

事件後半年、真相不明のままに過ぎ、首尾は上々とみえたが、目撃者の出現で真犯人善男の名が浮かびあがったのである。

85 子供のけんかが善男の悪事をあばいた

伴善男が応天門に放火した現場を目撃した者がいた。左兵衛の舎人《とねり》（衛府の兵士）である。夜ふけて役所から帰る途中、応天門から降りてくる善男の姿を見たのであった。口にするのも恐しく、左大臣が火を放ったという噂を不本意に思いながらも堅く口を閉ざしていた。

　ある日、その舎人の子供が、伴大納言家の出納係の子供とけんかをした。知らせを聞いて駆けつけてみると、相手の子の親が舎人の子の髪をつかんで倒し、ふみつけているのを見た。

「子供を相手に何をする」

「舎人のくせに何をいうか。私の主人は大納言だぞ」

「大納言がなんだ。私が一旦口を開けばおまえの主人の首がとぶのを知らないのか」

　この噂はけんかを見ようと集まった人々から京中にひろまり、ついに善男の悪事が露顕したのであった。

　以上の話は「伴大納言絵詞」に生き生きしたタッチの絵入りで紹介されている。

「三代実録」のような正史には、あまりくわしいことは書かれていないが、「宇治拾遺物語」、「伴大納言絵詞」などによって、この事件の真相を案外、明らかにすることが出来るというところであろう。応天門の変の真相も結局は、藤原氏が大伴氏を排斥する、他氏排斥運動の一つに他ならない。

86　源氏は臣籍におりた天皇の姓だった

　嵯峨天皇の時代から、皇子、皇族が臣籍に降下するときに源氏の姓が与えられる。

　皇室の財政が苦しくなるにつれて、臣籍に降下する者も多く、次々に新しい源氏が出現していった。

　藤原氏中心の時代に入ると、他氏は強い

排斥にあった。さしあたって、源氏は藤原氏に反撥したこともあったが、一応は藤原氏側に立ち、そしてときには藤原氏に利用されることもあった。

例えば、藤原基経《もとつね》のもりたてによって即位した宇多天皇の父、光孝天皇は、基経の功にむくいるために太政大臣の本質と意義を明らかにしようとし、菅原道真をはじめ多くの学者に、その検討をさせるなどした。そして太政大臣基経にすべてをまかせるという方法をとった。光孝天皇は死の床で基経に、次期天皇を我子源定省《さだみ》にすることを頼み、それが実現したことを知って感涙にむせんだという。

そして、宇多天皇が即位ののちは、「政務をすべて太政大臣（基経）にまかせ関《あずか》り白《もう》せ」との詔書を基経に与えた。これが関白の始まりである。

基経が長い時間をかけてころがり込むように仕組んだ関白の座であった。だが、その間、阿衡の事件という面倒なこともおこり、基経が関白につくまでは、容易でなかったことも察せられる。

87 幼稚な陽成天皇に対する基経の不満

清和天皇は幼帝であったため、外祖父良房が天皇を補佐して政治を摂行し、人臣摂政の第一歩は、ここにはじまった。貞観十八年（八七六）、天皇は、譲位にあたって、皇太子即位後はすべて基経にゆだねることを約束し、九歳の幼主、陽成天皇が即位した。基経の摂政をあてにして清和天皇が譲位したようにも考えられる。基経の妹高《たかい》子《こ》は清和天皇の女御となり陽成天皇を生んだ。清和天皇譲位のとき、天皇は、まだ二十七歳で何も譲位する必要もないように思われる。陽成は九歳で即位。清和天皇も九歳で即位したとはいえ、これは文徳天皇が早死であったから致し方ない。だが、今度の場合は、基経の発展を望むくわだてのもとに基経と高子の計画によって進められたと考えられる。

　基経は良房の兄長良の三男で、良房の養子となり、清和天皇即位のはじめ蔵人頭、貞観六年（八六四）参議となり、同八年良房が摂政となると七人の先任者を超えて中納言となっている。同十四年良房の病が厚くなると右大臣になった。

　陽成天皇が即位し、翌年改元、元慶元年（八七七）基経は摂政、同四年（八八〇）太政大臣となった。同六年、天皇は、十五歳、紫宸殿に元服。この頃より基経は摂政をやめたいとの辞表を提出したが、天皇はゆるされず、その後も基経は度々辞表を出したが、結果はいつも同じであった。

　基経は、天皇に不満をいだくことが多くなり、同七年には、朝廷への出仕をせず、このため公務の渋滞することが多くなり、太政官の弁官をはじめ、公卿達が基経の堀川の私邸に出向いて諸事を上申し、その決裁を求むるということになった。

基経の不満は何であったか。それは、陽成天皇の生まれつきの放恣なる性格によるものであった。天皇は馬を好み、内裏に馬を飼育し、時々、それがために、よからぬこともおこるにつき、基経は、これを宮中から放逐してしまった。また、その年、源益という男が、殿上で突然殺された。「三代実録」には「禁中の事で秘密に属し、局外者の知るところでなし」とあって、くわしいことは書かれていないが、これは、天皇によって殺されたことにほぼ間違いない。かような性格の天皇の下に働くことに、しみじみつらさを感じたのであろう。これは一人基経のみでなく、左大臣の源融も同じであって融は嵯峨の棲霞院の山荘にひきこもってしまった。

このような状態にあるとき、基経は、いつまでも、これではどうにもならぬと思い、遂に天皇に譲位してもらうことを決心したのであろう。この辺の事情については、くわしくはわからないが、陽成天皇は病気のため譲位するという書を、自筆で基経に送り、元慶八年四月、時康親王を天皇にするとの仰を出され譲位となった。

88　基経の強い推せんで五十五歳の老天皇が誕生

さて、時康親王の即位については、いろいろの問題があった。基経は陽成天皇の譲位は決定的となったものの、次の天皇が決まらない。源融は、このチャンスに再び天皇になれればという野心から自分で名乗り出るさわぎ。

承和の変で良房によって廃された淳和天皇の第二皇子恒貞親王が候補に上ったが、親王は五十五歳で、しかも仏門に帰依して恒寂となっている。時康親王も五十五歳ではあった。しかし幼い頃の親王の人に対しての思いやりの深い性格を基経はよく知っている。基経の強い推薦によって時康親王が光孝天皇となったのである。

光孝天皇の母の沢子が基経の母と姉妹であった関係から基経と親王は従兄にあたる。他に天皇とするにふさわしい人がないということになれば、時康親王が適任者ということになるのは当然である。光孝を立てたいがために陽成を退位させたとは考えられない。

光孝天皇は即位後、基経と大へんうまく行っていた。むしろ基経を、いかに優遇するかについて、いろいろと考慮をめぐらしていた。

そこで天皇は、基経の太政大臣という官職の本質について、これを明確にして、基経を喜ばせようとした。早速、天皇は菅原道真、大蔵善行等の学者に中国と日本の太政大臣の職のもつ本質について検討させたが、その結果は、すべて基経に託するというような、基経にすべて権威をもたせる結果となった。

これが日本における関白の始めであると見る説もあるが、これは、ただ、太政大臣の職掌として、幼主における摂政のような職を、この老年の天皇の場合に想定しただけのことである。

89　政治の実権をとりたかった基経が起こした阿衡事件

光孝天皇の晩年、天皇は、病床に基経をよび、第七皇子源定省《さだみ》を親王に復し、皇太子に立てたいと話した。光孝天皇は皇子皇女をすべて臣下にし源姓を賜わっていたため、いよいよ死期が近づくにつれて、仁和三年（八八七）八月、左に定省の手を、右に基経の手を握って定省を基経に頼んだ。基経は、内心、喜ばなかったが、これを承諾し、臣籍を削って直ちに皇太子に定め、立太子の日に光孝天皇は崩御となった。定省は宇多天皇となって即位し、時に二十一歳であった。

即位式の直後、宇多天皇は、基経に万機を関白させる詔を下した。この詔書の中に「関白」の文字がはじめて見られ、これを関白の始と見なければならない。基経は、直ちに上表を提出。その職に自分は勤まらぬとの内容のものであった。だが、この辞表は、当時の貴族達の官例にしたがったまでのものであった。基経としても、勿論、その職につくつもりであった。そこで天皇は、直ちに勅答を橘広相《ひろみ》に作らしめた。ところがその内容に「宜しく阿衡《あこう》の任を以て卿の任とすべし」とあった、その阿衡の語に基経はこだわり、有名な阿衡事件をおこした。

　基経の心の奥には、宇多天皇と橘広相の深いつながりに対する反駁があった。基経の家司で学者であった藤原佐世は、「阿衡は、ただ位が貴いだけで摂政のように政治にあずかる職ではない。だから、公は摂政を停められたものと解釈すべきではないか」と説いた。

　基経は、この佐世の意見をとり入れ、一切、政治を見ず、年を越えて、仁和四年に入っても容易に阿衡の問題は片づかなかった。先に太政大臣の職掌にこだわった基経のこと、ここにまた阿衡にこれくらいこだわるのも当然であった。あるいは阿衡の文字の意味にこだわったところに彼の学の深さを知ることが出来る風にも解することも出来よう。

　しかし、基経の本心は宇多天皇の即位を始めから、それ程、快く思っていなかったこと、また、橘広相が学者で娘義子が天皇の女御となっていることなどが佐世に嫉妬の心をかき立てるという結果になっていたのである。この事件の根底には天皇と基経・佐世をめぐって学者同士の争いがからんでいることも考えねばならない。そこで時の左大臣融は天皇の命を受け、仁和四年五月二十九日広相と佐世をはじめ、多くの学者を陣の座に召し阿衡の義について判定せしめた。太政大臣の場合と同じように多くの先例を引いて調査したが、結果は明瞭でなかった。

つづいて六月一日、遂に広相、佐世等を召して阿衡の義を討論させたが、暑熱の日で、この日もやはり決着をつけることが出来なかった。翌六月二日、融の申入れによって天皇は基経に新たに関白詔を下した。天皇は、融の申出により、基経に屈服という結果に至った。これにより、長くかかったこの事件も案外簡単に終り、基経、佐世が勝利を得る結果となった。これ以後、基経は娘温子を女御とし、天皇とも、快く過し、寛平三(八九一)五十六歳の生涯を終った。

90 学者出身で大出世した菅原道真

この頃、讃岐守であった菅原道真は、基経に一書を送り、いつまでも「阿衡」の一語にこだわるべきでないとの意見を述べた。道真の学者としての見識の深さを知ることが出来る。

宇多天皇は、基経の死後、早速、道真を政界に出すようにし、道真を我が片腕としてよき政治を行うことに懸命になっていた。天皇は、昔の嵯峨天皇と同じように天皇自身が、文化に対して関心が深い。また、道真は文人であり、特に道真の父祖三代は儒官として朝廷に重きをなしている。讃岐守としての四年間に道真は詩作に励み、そのころの作を「菅家文草」に収録してある。この点からしても天皇と道真は深い交りにあることも当然であった。

寛平二年（八九〇）讃岐守の任を終えて、京官として政界へ乗り出して行く道真は、だが、むしろ悲劇の第一歩に足をふみ入れ始めたということになろう。寛平五年（八九三）、天皇は女御胤子の間に生まれた敦仁親王を皇太子とした。このとき敦仁は九歳であったが、天皇は、その後、二年もたたぬうちに譲位したいと道真に告白された。道真は、天皇を諫め、天皇も一時は思い止まったものの、同九年（八九七）、遂に譲位を決断し、敦仁親王が即位、醍醐天皇となった。時に、藤原時平が大納言、道真は権大納言であった。

宇多天皇は早速、「寛平御遺誡」なる書物を作り、政務に関する懇切なる注意をあたえ、時平、道真に対して新帝をよく補佐し、とくに道真には皇太子の策立、譲位の議につき功あることを述べ、新帝の功臣たるべきこと、抜擢によく答うべきことなどを述べてあった。宇多はこの時、三十一歳であった。

翌年は昌泰と改元、同二年二月、時平は左大臣に、道真は右大臣となり、二人は、ともに内覧宣旨をうけ、道真も、ここに政界の第一線に立つことになった。

学者の家から出て、大臣となったものは、奈良時代に吉備真備が右大臣となったほかは、先例がない。道真の昇進は、誠に異様なまでの抜擢であると言うことが出来よう。道真は、源藤以外の者として唯一の公卿として政界に乗り出したということになる。天皇の外祖父である藤原高藤（天皇の生母女御胤子の父）、基経の弟の国経、さらに源氏の長老である源光を越え、時平と相並んで万機を裁決するに至ったのである。

91 道真の没落ぶりは哀れだった

ここにおいて藤原氏、時平の道真排斥にいたるのは当然の結果であったともいえよう。さらに宇多上皇が、道真一人に政務をゆだねようとする傾向が見えはじめたことによって、遂に時平は、積極的に道真を追放しようと心ざすことになった。延喜元年（九〇一）正月、時平は、道真が天皇を廃し、女婿である齋世《ときよ》親王を立てようとし、法皇の同意を得ていることを奏上した。

同二十五日、天皇は遂に道真を大宰権帥とする詔を下した。天皇としては、この真相を法皇（昌泰二年、仁和寺に出家）に確かめる余裕もなかった。また法皇は寝耳に水というところであった。早速、天皇に会おうと内裏に向ったが、諸門は固く閉ざされ、入ることが出来ない。法皇は終日、庭上において参内を待ったが、どうにもならず、空しく還御するほかはなかった。道真

は、宇多法皇に、

ながれ行くわれは水屑《みくづ》となりぬとも
　君しがらみとなりてとゞめよ

の和歌を送り、むなしく京を立ち去るほかなかった。

こちふかばにほひおこせよ梅の花
　あるじなしとて春な忘れそ

など、その他多くの哀愁深い和歌をのこしている。大宰府にあってのちは、門を出でず、仏教に帰依して念仏読経をおこない、詩文によって我が身を慰めていた。配所においての詩文を編纂し紀長谷雄に送った「菅家後集」があり、その苦しみがどんなものであったか察するにあまりあるものが多い。

去年今夜侍二清涼一、秋思詩篇独断腸
　思賜御衣今レ在此、捧持毎日拝余香

など胸を打つものが多い。そして延喜三年(九〇三)二月、五十九歳で配所にて薨じた。

この事件は、藤原氏の道真の抜擢を憎むところに、第一の原因が有することはいうまでもないが、学者道真に対する他の者の嫉妬心も大いにからんでいる。加うるに女御問題(衍子が宇多天皇に、寧子が醍醐天皇に、またある一女子は斎世親王の妃になった)もあり、さらに道真の性格がかなり神経質な面もあったことなどが、一層、藤原氏の反感をかったということもできるものである。

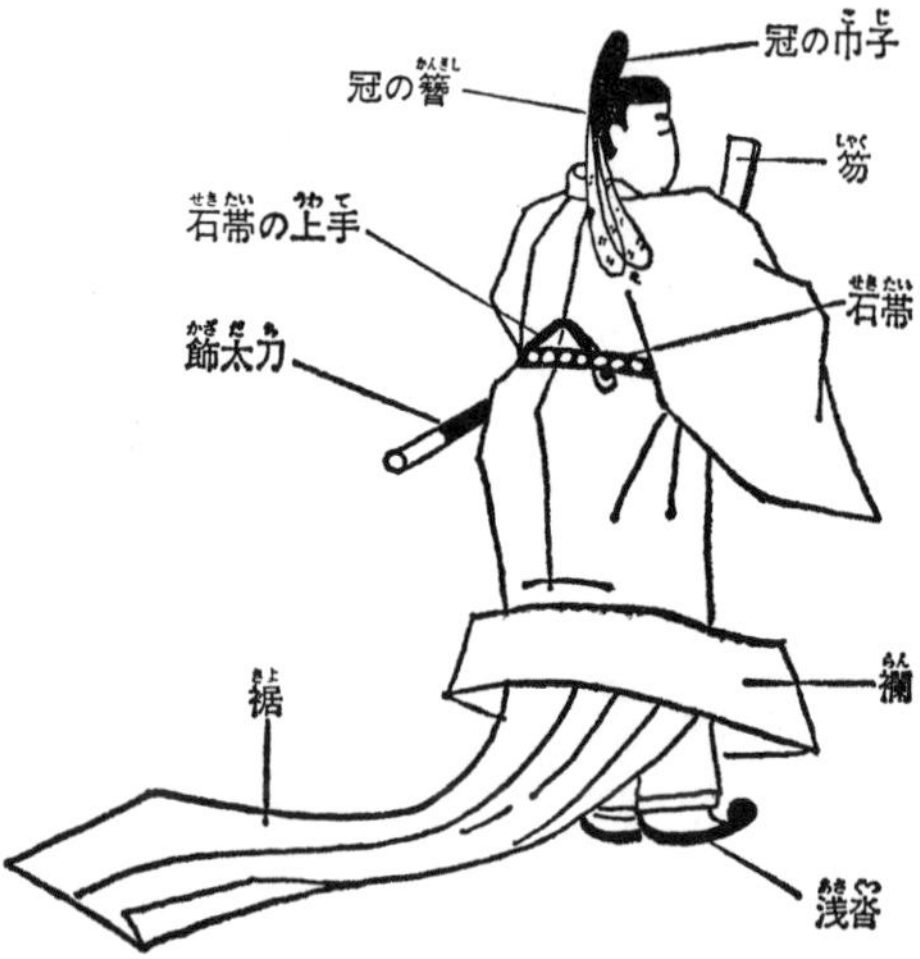

文官の正装だった束帯《そくたい》姿

92 下戸、菅原道真も太宰府に左遷されて ついにヤケ酒をのむ

文章博士《もんじょう》になった菅原道真は、仲間のねたみを受けておとしめられ、仁和二（八八六）年に讃岐守に左遷されてしまう。その時に作った詩に「酒が飲めないので、気をまぎらわすこともできない」という一節がある。

その後京に帰り、蔵人頭→参議→右大臣という異例の出世をとげたが、前述のように再び大宰権帥《だざいごんのそつ》となって九州に下ることになるのである。この時はさすがの道真も憤懣やるかたなく、ついに飲めない酒を半杯あおったと詩に残している。

93　怨霊に与えられた太政大臣の位

菅原道真が失脚したのは、皇太子（醍醐天皇）を廃して女婿の斎世親王を立てようとして藤原時平側に排斥されたためであったとするが、これは時平側の陰謀であって、道真がそのようなくわだてをしたかどうか、明瞭な証拠はない。

道真の死後、怨霊は雷に化身して時平側を悩ませたが、ある日内裏に落ちたことがあった。このとき、時平は太刀をぬいてふりかざし「生前は右大臣だったあなたは、私（左大臣）の次席だったはずだ。たとえ雷神となっても私に一目おくべきである」と叫んだところ、雷はピタッと鎮まったという。

しかし、雷神となって荒れ狂う道真の怨霊に恐れをなし、この霊を鎮めるために、十年後には太政大臣のポストが贈られたのであった。

94　天才にも砕けなかった貴種の壁

高官に任命されたとき、自分は任にたえないという辞退の上表文を出すのが当時の通例であった。

道真は、右大臣に任ぜられたとき「自分の家は〝貴種〟ではなく儒家である。公卿になれたのもひとえに宇多上皇のお取りたてがあったからで、その私が右大臣になるのは人心が許さないであろう」という上表文を出している。

右大臣就任後も、学者仲間の三善清行から次のような忠告を受けた。「あなたは学者から大臣の位まで昇った。これだけの出世は吉備真備《きびのまきび》以外にはいない。そろそろ止足《しそく》（分際）をわきまえて辞職したらどうか。」

そして、追放の宣命《せんみよう》には「いやしい家柄でありながら大臣にまで登り、分際を忘れて権力をもち、へつらって宇多上皇の意をあざむいた」と書かれている。

まれにみる天才という実力者も、〝貴種〟の壁の前には、〝いやしい家柄〟〝分際を知れ〟とたたかれたのであった。

95 道真にひさしを貸して母屋をとられた天神様

天神とは天の神、気象をつかさどる神様であるともいわれる。農民は天候の順調であることを願い、旅人は航海の安全であることを願う天神社には、雷がまつられていた。

道真の死後、落雷がしばしば宮中を襲ったが、それは道真のたたりだと噂された。道真の怨霊が雷となって藤原一門をおびやかしていると信じられ、道真こそ天神だったにちがいないと思い込まれていった。そこで、霊を鎮めるために北野の天神社にあわせて祭った。そして次第に道真が天神そのもののようになってしまったのである。

天神にしてみれば、〝ひさしを貸して母屋を取られた〟格好であった。

その天神様が今では試験の合格を祈願する学問の神様としてもてはやされている。それというのも、道真は二百年間にたった六十五人しかいなかったという文章《もんじょう》博士の合格者に数えられ、その天才ぶりにあやかりたいという願いからであろう。

道真の肖像は、最初は怨念を抱いた恐しい顔に描かれているが、天神様になって人々に親しまれるようになってからは、やさしく柔和な顔に描かれるようになった。

96　当時の官吏は週休五日制、有給休暇もあった

公卿や官人たちが太政官に集まって行なう外記政《げきせい》は官吏最大の任務であった。

休日は六日おき、つまり六日毎に一日の休暇、毎月六日、十二日、十八日、二十四日、晦日であり、その他賜暇《しか》（天皇から賜る定休と同数の休日）があったので、ほぼ週休二日制であったといえる。

安和二（九六九）年の宣によると、その勤務ぶりは相当怠慢なもので「去年の正月から九月までに政の行なわれたのは、ある月は三、四日、ある月は七、八日であり、務めがひどく渋滞している。出席しない者には、身分に応じて罰則を定めるべきであ

る」とある。

半年で三十日以上、約六割七分以上の出席率に満たない者には季禄（二月と八月の二十二日に支給された絁、綿など）、時服（六月と十二月の二十日に支給された衣服）は支給されず、いわば減俸処置がとられた。

欠勤の口実は、触穢《しょくえ》（死、病、産などのけがれに触れること）と方違《かたたがえ》であった。

97　あまり酒を飲むなと自戒した聖帝、醍醐天皇

醍醐天皇の延喜の治は高く評価され、中国の堯《ぎょう》、舜《しゅん》にも劣らぬ聖帝とうたわれた。

その醍醐天皇は次のような自戒で自分をいましめ、人の上に立つ者の立場を示している。

「あまり酒を飲むな。人に会ったら用件だけを言え。家庭の事情に触れてはいけない。人の悪口を言う者があったら退席せよ。退席できない場合は何も言うな。ほめているときにも口を出すな。たいていの人間には敵がいて、一方によいことはもう一方には悪いからである。軽々しく行動するな。激怒するな。人の物を借りるな。借りたらすぐ返せ。人の意見を第三者に伝えてはならない。対談しているとき以外は人の顔を見るな……。」

98　覆面作者にも批判された藤原政権

遠く鎌足、不比等父子にみるように、

代々宰相の家門であり、近くは皇室と外戚の関係にありと、既成事実をふりかざし利用することにたけていたことが、藤原氏の不動の立場をつくりあげることになったのであった。

しかし、この藤原一門に対する批判もなかったわけではなく、「大鏡」には、

「冷泉院の時代になって、世の中は行きづまってしまったようだ。世がおちぶれてしまうのもその頃からである」

と書かれている。

天皇が直接政務を司った延喜《えんぎ》、天暦《てんりゃく》が聖代と讃えられたのも、藤原氏に対する遠まわりの批判とみることができる。

99　律令制を擁護して我身を守った藤原氏

皇室が中心となって作った律令制は、高位高官を優遇し、しかも親のおかげで子が位をもらう蔭位《おんい》の制度もあった。

藤原氏といえども皇室に比べるとその権力は問題にならない。そこで、藤原氏は律令制を擁護し、天皇制を利用することで勢力を増していったのである。

そのためには、自分の女《むすめ》を皇妃とし、律令制が定めた最高の位を世襲的に確保することに力をそそいだ。

摂政とは、天皇が幼少の場合、天皇の代理として政務を行なう職。関白とは、天皇が成人してから奏上に関《あずか》り、上奏文を内見した上で天皇に白《もう》し上げる意で、天皇を補

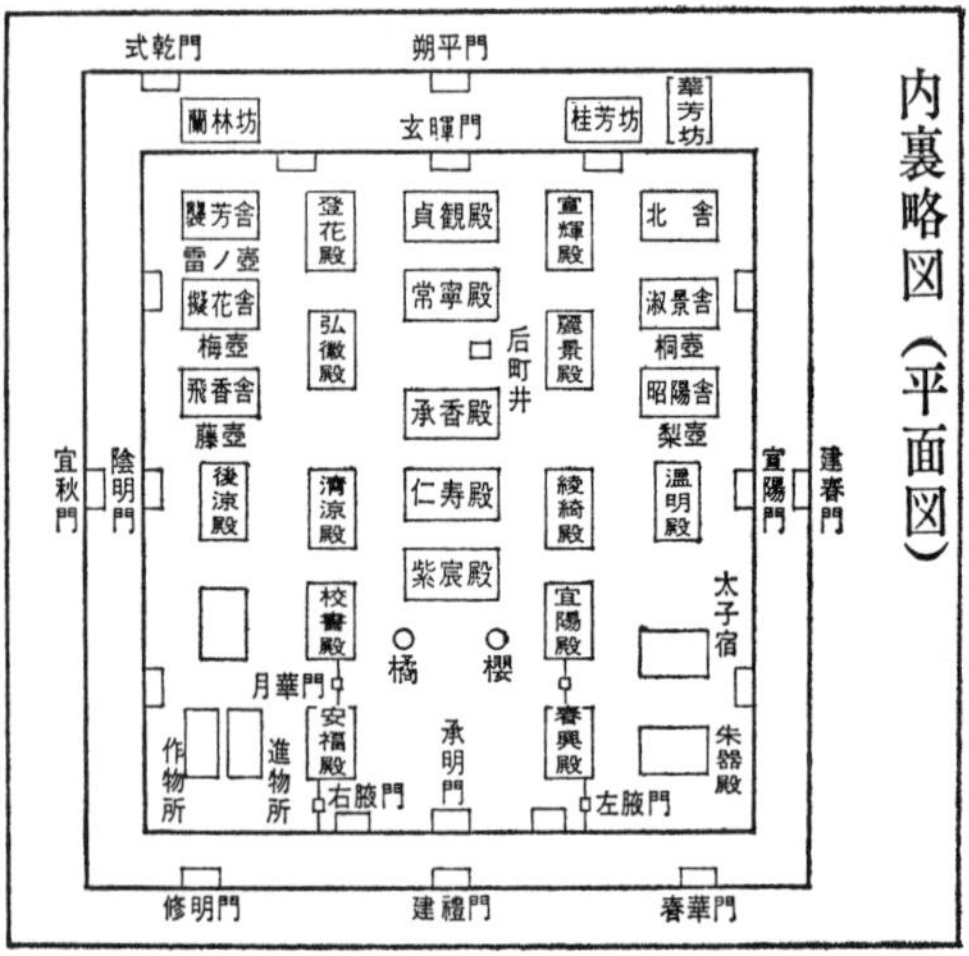

佐してすべての政務を執り行なう職である。摂政は以前からあり、七世紀までは皇族が就任したが、九世紀になると外戚でも当然だという考え方になっていく。政権を手にするためには、摂政、関白になることと天皇の外戚になることは欠くことのできない二大条件であり、藤原氏はその条件を作りながら政権を欲しいままにしたのであった。

100 政治が儀式となり、政務は藤原氏の私邸で行なわれる

政務は、天皇以下すべての官吏が、太政官の正殿である大極殿に毎朝登庁して行なわれるのがならわしであった。ところが、清和天皇からは内裏の正殿である紫宸殿で

行なわれ、醍醐天皇になると天皇は出席せずに大臣だけで済ませる朝堂政となり、次には弁官の結政所《かたなしどころ》や外記《げき》庁で簡単に済ませる外記結政となっていく。政治や軍事など重要な政務までもが内裏の天皇の居間である清涼殿での殿上《でんじょう》定め、近衛（内裏の護衛兵）の詰所の陣定《じんさだ》めで行なわれた。

また藤原良房、基経の摂関政の時代に、清和天皇、陽成天皇とあいついで九歳の幼帝が即位した。清和天皇は良房の娘明子から、陽成天皇は基経の妹高子《たかいこ》から生まれ、共に藤原氏家で育っている。大化改新から十九代の間に、十歳以下の幼帝の例はまったくなく、この異例の即位はやはり藤原氏の権力によるものであった。

そして、応天門の変の火災以来、放火と推測される内裏の火災が続き、建てなおす力も乏しいままに天皇が母の実家に住み、里内裏《さとだいり》と称して摂関家で政務をとることが続いた。

幼帝のため政治の実権を摂関が握っていたことも加えて、政務が藤原氏の私邸で執られるようになっていったのである。

101　大臣の年収は二億円の現物支給

大臣の給与は、職田（主要な官職についた者に与えられる田地）、位田（五位以上に与えられる田地）、職封（主要な官職についた者に与えられる封戸《ふご》）、位封（三位以上に与えられる封戸）などがあり、これらの合計は米高にして五～六千石にのぼる。（「律令制と貴族政権Ⅱ」竹内理三）現在の米価に換算すると、実に一億一千八百万円の年俸になる。（「平安貴族の世界」村井康彦）

しかし、規定の出勤率に達した者に与えられる季禄（絁《あしぎぬ》、綿、布、鍬など）、馬料（馬の飼養料として与える手当）、月料（米、塩）、節禄（各節会に給与する絁、綿、布など）も与えられるので、その額はおよそ二億円近いものであったと推測される。

平安時代の給与は、すべて現物支給であった。唐に真似た皇朝十二銭という十二種の銭があったが、まだ貨幣経済を必要とする段階には至っていなかったのであった。

102　中世のデパートは東の市と西の市

七条あたりに、朱雀大路をはさんで東の市、西の市があった。東西とも一店舗一商品に限って売られ、東は五十一軒、西は三十三軒の店舗が並んでいた。

一ヵ月のうち、十五日までは東の市、十六日以降は西の市が開かれる。正午ごろ市の門を開け、夕方には閉めるというシステムであった。

商品には、絹、糸、綿、薬、塩、干魚、生魚などの日常の衣食住に関するものを初め、牛や馬なども売られたという。

市には大きな倉庫があり、治安が乱れると格好な盗賊の的となる。「今昔物語」には、検非違使がその盗賊をとらえようとする話が生き生きと描かれている。

すべての組織が、今のデパートにも匹敵する内容をもっていたのは注目にあたいする。

103 朱雀門にかかわった人は必ず変死した

大内裏の正面入口をかためるのが朱雀門である。唐の長安の南門が朱雀門と呼ばれていたのに習い、また、その名の通り朱に塗られていた。

神聖さをシンボライズしたそそり立つ壮大な建築は、それだけでも神秘性と畏敬の念を抱かせるのにじゅうぶんであるが、この門にはさまざまな怪話がまつわりついている。

小野道風には「朱雀門」と書かれた門の額の「朱」の字が「米」の字のように見え、「なんだ米雀門か」と言ったために急死。門を建てた役人、額を書いた書家などの怪死。紛失した宝物の琵琶が、それを探すための二十七日の修法の満願の日に門の楼上からそろりそろりと下りてきたというので、人々は鬼がこのようなことをしたのだろうといったという奇談など。

これらの話は、当時の人々が朱雀門に霊がひそんでいたと信じていたための伝承である。

●天皇に返り咲きのチャンスをねらった源融《とおる》

嵯峨天皇には、十数人の子供があり、源の姓を賜わり臣下に降下したものの中に、常《ときわ》、弘、信《まこと》、融《とおる》等があった。なかでも融は学才に富んでおり、邸、河原院において風流そのものの生活を送っていた。

賜姓源氏の彼等は、一見、政治などには関心はなく、ただ風流三昧の遊びに耽っていたかのように考えられがちだが、いや、なかなかそうではない。

もちろん、そのような人物も少くなく、信などは、その代表的なもので、藤原氏に圧倒されて政界からはみ出し、野山に狩に出かけた折に沼に落ち、それがもとで病死するというあわれな最期を遂げている。

だが、融の場合は、そうではない。彼は、清和、陽成、光孝、宇多と四天皇に仕え、大納言、右大臣、左大臣として政務を忠実になし遂げているのである。そればかりではない。

彼は臣下に降下したとはいえ、政治家として天皇を輔佐する立場に立ってみると、自分とても本来ならばこうして臣下の位置にいるものではない、天皇としての地位にあることも出来た筈である、と考えたりなどしているともうじっとしていられなくなったのであろうか。陽成天皇が譲位し、次の天皇が容易に定まらない状態にあるとき、融は、「近き皇胤をたづねば、融らもはべるは」と、時の摂政基経にむかって、堂々と言い出したのである。

すなわち、天皇になるべき適当な方がなければ、賜姓源氏である融等がいると自信のある言葉を吐いたのである。

ところが、基経もさるもの。「皇胤なれど、姓たまはりて、ただ人にとつかへて、位につきたるためしやある」（たとえ天皇の御血統であっても、ひとたび姓を賜わって臣下として朝廷にお仕えしてから後に、皇位についた前例があろうか）といって、その発言は、空しく退けられてしまった。

藤原氏摂関の権威は良房よりはじまり、基経にいたれば、陽成天皇を天皇の地位から譲位せしめるという程にまでになっている。陽成天皇は精神的に病弱であったとはいえ、当時の基経の権力のいかなるものであったかを知ることが出来よう。基経の前では、かくも勇気のある源融といえども、どうにもならなかった。

だが、藤原氏に、それだけの気概を見せた源融の人物と性格は、高く評価されねばならない。そのような融であったからこそ、陽成の後の光孝天皇の即位後はもちろんのこと、光孝天皇の皇子、源定省が宇多天皇となって即位後も、彼は左大臣として、臣下より返り咲いた天皇にも何の不満も見せずに忠実に仕えた。

基経の宇多天皇に対する不満から発した阿衡の事件にも、左大臣として宇多天皇と基経の間をうまく処理して、七十歳を越す老齢にありながらも、立派に臣下としての生涯を全うしたのである。

賢人、源融の人柄が偲ばれるとともに、世の矛盾を知る彼の心の中はどんなものであったか、察するにあまるところである。

第四章

「人物」ものしり67の史料

104 平将門《まさかど》は桓武天皇の末裔だった

室町時代の末に編纂された「尊卑分脈《そんぴぶんみゃく》」によれば、平将門は桓武天皇の曾孫である高望王《たかもちおう》の孫である。この高望王は、寛平二（八九〇）年頃に平朝臣《たいらのあそん》の姓を賜って臣籍に下った。その後、上総介《かずさのすけ》として坂東（現在の関東から千葉にかけての地域）の受領となったのである。その孫が、平将門であった。

高望王には、当時の貴族がそうであったように、何人かの妻が侍《はべ》っていた。その子らが、将門の父である良将《よしまさ》、良兼《よしかね》、良広《よしひろ》、良文《よしぶみ》、良持《よしもち》、良茂《よししげ》、そして承平の乱で将門に殺される国香《くにか》などの異母兄弟である。

高望王は任期が終っても京に帰らず、土着受領となって住みついていたが、良将の頃は土着受領の二世としてかなりはぶりがよく、この一族はすでに地方豪族になっていた。こうした背景の中で、将門が誕生するのである。

105 若くして家督をついだことが将門の運命を決めた

平将門は時の反体制派の造反者であり、主謀者であった。そのために、天皇の逆賊としての平将門の名が歴史上に残ることとなったのである。

将門は延喜三（九〇三）年、母方の里である相馬御厨《みくりや》で生まれたとされている。幼名を相馬小次郎といった。

ところが、十四、五歳の頃に兄を失い、つづいて父を失なったために、若輩にして家督をつがねばならなくなった。

しかし、有力な土地の領主であった父の跡目をつぐには若すぎ、当時のならわしとして伯父の国香が後見人となった。それがやがて承平の乱となる原因になってゆくのである。

106　伯父国香との間にくすぶりはじめた険悪な関係

中央の貴族から地方の豪族まで、権力を持つ人々は隙さえあれば他人の荘園をわがものにしようとした時代である。血がつながっていようが情容赦もない。当然国香にとって将門はその対象になる。国香は兄弟たちとも相談ずくで、良将の遺領を取り上げてしまおうと図った。

そうした動きを将門が勘づかないはずはなく、両者の間は次第にくすぶってゆく。国香は将門の後見人であると同時に、平一族の族長でもあったことから、将門が元服しても後見人であることを固執し、さらには土地管理権を手放そうとしなかった。

将門は何度となく土地の返還を催促し、後見人の必要はないと断わった。しかし、国香はそのたびに要請をこばみ、そして険悪な状態が深まってゆくのであった。

107　中央での権力を望まなかった将門

将門は若い時分に京に出て、忠平の従者となっている。ところが、それを踏み台にして仕官するでもなく、坂東の生まれた土地へ帰った。その理由は明らかではないが、おそらく父の死が原因だと考えられている。

坂東に帰った将門は、家柄の良さと京帰りで箔をつけていることを考えれば、当然国府にポストを得てもよいはずであるが、その形跡はない。

ところが、国香の子貞盛《さだもり》は、京に出て左《さ》馬允《まのじょう》（従五位の役人）の地位についた。貞盛がこの役にありつけたのは、国香の後押しがあったからであろう。

中央に出て、足がかりをつかんだ者とそうでない者との相剋が、さらに両家をこじらせていったのである。

108　将門、国香の不仲は女性が原因？

「将門記」によれば、将門・国香の不仲は女が原因であるかのように書かれている。女出入りの激しい将門を国香が諫めたからだという。これが発端であったかどうかは、否定するにも肯定するにも材料が残っていない。なぜなら、土地の管理権の問題がくすぶっていて、発火寸前の状態にあったからである。土地の権利をわが物にしようとする国香、奪われまいとする将門の拮抗関係が、怨念となってそうさせたのであった。

両者とも領袖となるには財力が必要であ

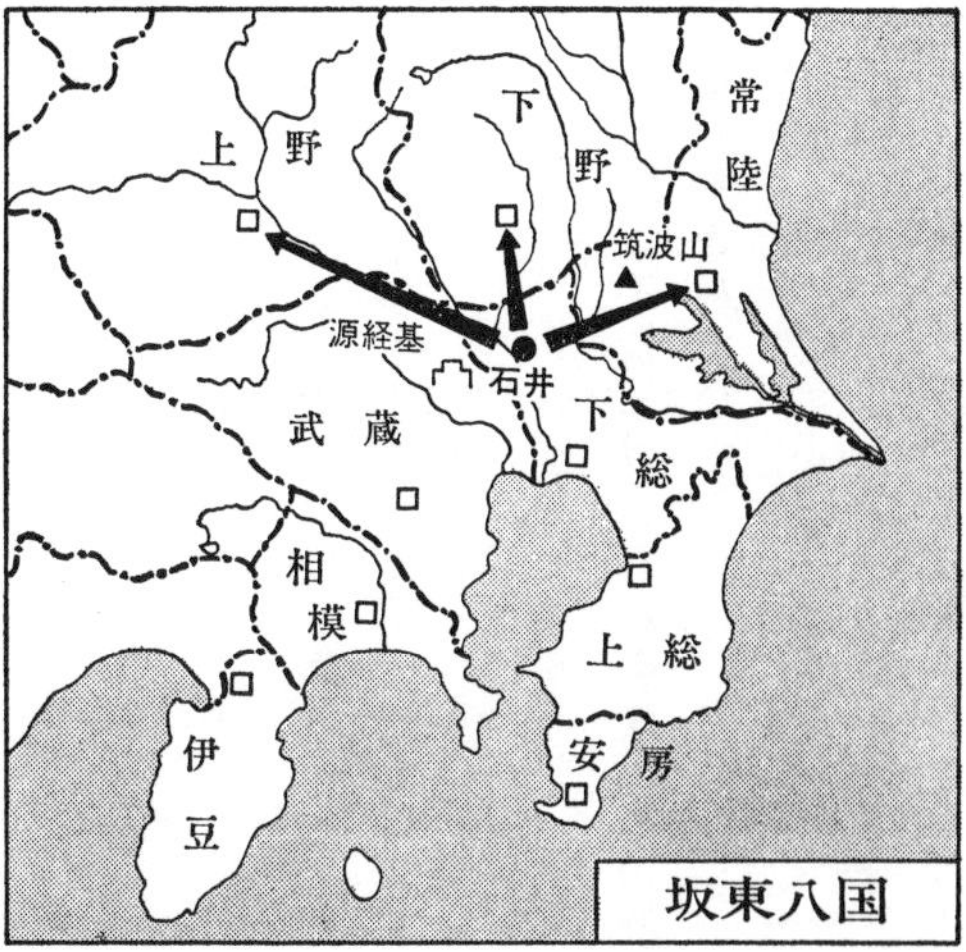

坂東八国

る。それを叶えてくれるのは、当時、最大の経済的生産手段である土地であり、必要不可欠なものだったのである。

109　一族に対する運命的な戦に挑んだ将門

坂東北部を舞台にして、土着受領の間には紛争の絶えまがなかった。その中心人物は、ほかならぬ野望にとりつかれた平将門である。将門が都で宮づかえをすることに奔走した形跡がないのは、しがない宮づかえで一生を終わるよりは、野望をまっとうすることに重きを置いたからであろう。また、武勇の人であったので、宮づかえは気質に合わなかったことも考えられる。

とはいっても、高望王一門のなかにあっ

てはつまはじきの状態にあり、将門にとって受領への出世コースは閉ざされていたにちがいない。

　それだけに、将門は近親に対する運命的な戦にいどんだのである。しかも、弱身につけこむ親族がその欲望を顕わにしただけに、ますます生まれた土地で自分の身を顕在化しようとしたのであろう。

110 将門に手なずけられた農民にも自己保身の計算があった

　当時、将門は農民を「伴類《ばんるい》」と呼んでいた。伴類とは仲間とか一族とかいった意味をもつ言葉で、こう呼ばれたことは農民たちが将門から庇護を受けていた事実を証している。それと同時に、このように呼ぶことで農民を手なずけ、勢力の伸張を図ったのである。そして、叔父一族と武力で対峙し、抬げ始めていた一国の棟梁への野望をもふくらませつつ、合戦に備えて着々と力を蓄えていったのであった。

　ところで、権力ずくではないこうした「伴類」の関係が成立し得たのは、将門がこの地域における権力者にはっきりとした対決の姿勢を明らかにしたからにほかならない。時の権力者に不満をもつ農民は、将門に荷担すれば少しは生活がよくなるであろうことを期待して賭けたのである。「伴類」といえども、虚々実々のかけひきがあったのである。

111 坂東の猪武者将門と貴種を守る平一族との拮抗

承平の乱がぼっ発する四年ほど前から、平一族と将門の関係は険悪になっていた。特に叔父である良兼との不和が目立った。その原因は女性問題であるという説と田畑についての相争いであるという二説があるが、いずれにせよ問題のいざこざに腹をすえかねていたのは将門のほうであった。

当時、良兼は下総介として政治的、権力的に優位にあって、しかも異母兄弟の良正は前常陸大掾源護の女《むすめ》をめとっていた。それに加えて、国香の息子である貞盛も護の女を妻に迎えている。勢力上の内容においては、将門は「伴類」でまとい、叔父一族は選良層の衣をまとっていた。

将門は典型的な猪武者であり、叔父や従兄たちは貴種の血の流れを尊ぶ土豪だったのである。

112 「承平の乱」の顚末

承平五（九三五）年、二月であった。それまでくすぶっていた炎が、ついに下総国猿島《さじま》郡石井《いわい》の平原を焼く。将門は平真樹《まさき》を擁して蹶起、国香・源護の軍と戦い国香を死に至らしめ、勝利をおさめたのである。

まず、将門は国香・源護の軍を、「伴類」の援けで破った。また源護が援助をもとめていた良正（良茂の息子）も兵力を集めて将門を撃とうとしたが、彼はこれも破った。

そのために良正は良兼に書を送って助けを請うたので、良兼は一時これに応じたが、戦うことの不利を知ると兵をおさめて上総に帰ってしまった。また、一方の源護は使者を上京させて将門挙兵の件を中央政府に訴え、力にすがろうとしたのである。

護の訴えによって、朝廷では摂関、忠平をはじめとして護や将門、真樹などを京都に召喚したが、将門は護に先立ち、承平六年十月京都に至って弁明したので、朝廷もこれを軽犯とし、また翌七年五月、朱雀天皇の元服の式を行うために大赦令が出て、将門もその恩恵に浴し、罪を赦され、五月に都を発ち帰国した。この事件が結局は将門の武名を京都に宣伝する機会となったのである。

さらに、将門に殺された国香の息子、貞盛の動きが加わる。父の敗死を知らされた貞盛は、京を捨てることにかなり未練を残しながらも、ついに生まれ故郷に帰って再挙し、そして完敗するのである。しかし、将門は敗走する貞盛を殺そうとはしなかった。

113 将門は貞盛をなぜ殺さなかったか

再挙の陣頭指揮をしたのは良兼であった。国香の仇討ちのためと、政治的・経済的にまきかえしをもくろむ良兼・良正があまり積極的でなかった貞盛を組み入れ、水守《みずもり》の営所で分流、将門陣営へなだれ込んだ。そして失敗に終わり敗走するのである。

　このとき、将門は貞盛とその他の一族とを殺す気になれば殺せたのであるが、それをしなかった。

　それは、東国の武人としての名があまねく知れわたっていても、将門は中央から睨まれることを極度に恐れていたからである。そのために平一族の戦にはケリがつかず、中央政府から乱についての召喚命令があって将門が留守にしている間も戦闘が繰返された。

114　貞盛、逃げまわりながらも将門打倒の隙をうかがう

貞盛は天慶《てんぎょう》一（九三八）年に将門に破れ、難をのがれながら京へのぼった。そして、政府から将門追捕の官符を手に入れ、翌年六月には北坂東に戻っている。

　また、公にとりいって地位を得ることにたけていた貞盛は、常陸の掾《じょう》のポストを得ていた。しかし、その地位を十分利用することもできず、たまたま陸奥守であった友人の平維扶《これすけ》をたよって下野国府に向おうとしたが、将門の追跡を恐れて断念し、身を隠していた。

　そうした状態にありながら、在地の実力者である押領使《おうりようし》の藤原秀郷《ひでさと》を味方にひきいれ、そして将門にいどむのである。

115　スパイ暗躍も効なく貞盛勢は敗退

将門が京に出頭して不在の虚をついて、さらに戦いをいどんだ良兼勢は、一度は窮地に追い詰めながら、ついに決定的な勝利をおさめることはできなかった。

このとき、良兼は将門の館へ雑役として出入りしていた丈部《はせつかべ》の子春丸《はるまる》をスパイに仕立てたのである。「お前がもし将門を殺したら、いまの雑役から馬頭《うまがしら》にしてやる」

良兼はこういってそそのかしたと「将門記」に書かれている。

こうして情報を集め、将門の本拠である石井の営所に夜襲をかけた。しかし、その動きを知った将門に邀撃《ようげき》されて、またも敗退するのであった。

春丸は処刑され、貞盛は天慶一（九三八）年に東山道を経て京に遁れようとしたが、信濃国小県《しなののくにちいさがた》郡の国分寺近くで追いつめられ合戦となった。しかし、ここでも将門は貞盛を遁走させ、貞盛は難を免れて京に入ることを得た。

116　将門の独立政権も二カ月であえなき終焉

将門が関八州を征服して自らを、「新皇」と称したのは、天慶二（九三九）年十二月である。そして、この月の十五日に中央政権の摂政忠平に対して独立宣言をたたきつけ、東国政権を樹立させたのであった。

しかし、京政権に対峙する猪武者の政権

平安末期の男子の直垂《ひたたれ》姿

はあまりにも短かかった。将門の死によってあっけなく幕切れとなったのである。

将門は、貞盛・秀郷の軍勢に襲撃を受け、流れ矢に当って三十半ば（三十三歳と三十八歳の二説あり）で憤死した。

「将門記」によれば、この日風が強く吹き荒れていたという。駿馬にまたがった将門は、馬上で逆風にあおられて重心を失ない、地上に転がり落ちた。そのときに、流れ矢に当ってその生涯を閉じたという。

117　政治的ポリシーをもたないための短命政権

将門の死は、同時に彼の政権の崩壊でもあった。それはあっけないほどの幕切れで、将門側の要人であった弟の将頼や藤原玄茂らが相模国で討たれると、たちまちにして残兵も掃討される始末であった。将門の死後数日のうちの出来事である。

このように一瞬にして権力が崩壊してしまったのは、将門に行政の経験も知識もなかったからである。しかも、軍の総統としての能力にも欠け、ただむやみに反逆的であり、確固たる政治方針をもっていなかった。そして、自分の野望をになう人物を育てることもできず、そのために将門を囲む郎党もたちまち瓦解、四散してしまったのであった。

118 中央政府の権威の無さを暴露した将門の乱

将門が京の政権に対峙して坂東の八国を統率し、さらに中央政府の支配から独立して東国政権を樹立させたことは、平安朝史における大事件であった。それまでの歴史に、中央政権が根底からゆすぶられるような政治的な動きはなかったのである。そのために、政府の権威は大きく傾いた。将門を倒したのは朝廷自体の軍事力ではなかったことも権威に大きく影響したのである。

征東大将軍藤原忠文が、反動政権を倒すために征途についたのは、将門戦死六日前の二月八日である。そして、戦死の報は途上で知らされたのであった。

朝廷に報が伝えられたのは二十五日もあとのことであり、討った秀郷からの報告が届いたのはさらに遅れて、翌日の五日である。朝廷は秀郷、貞盛に、それぞれ従四位下、従五位下を与えて勲功にむくいた。

119　将門の乱で強化された東方制圧

将門の叔父殺しから反動政府樹立にいたるまでの動きに対して、中央政府では人事異動を大幅に行ない、東方制圧への対処として岐曽《きそ》・碓氷などの警固《けいご》使が更迭され、整備しつつあった。

秀郷は押領使から一躍下野守に抜擢されている。しかも、武蔵守まで兼務するという出世である。そうなったのは将門を倒してからのことで、軍功あってのことであり、東方の異分子鎮圧の士気をたかめる意味も含まれていたのである。

120　将門と秀郷の対照的性格が人生の道を分けた

将門と秀郷の二人は、ともに受領の後裔であるが、その考え方・生き方はまるで異なっている。将門は国府に対して敵対、挑戦的であったが、秀郷は押領使のポストにあり権力の中にいた。

また、将門はやみくもに伴類を組織しながら、肝心の軍制の強化には手をつけていなかった。これが致命的な欠陥となって、新興政権はもろくも瓦解したのである。

一方の秀郷は、合戦を通じて武力的基盤を充実、拡大していった。既存の権力をうまく利用することで、政治的に力を得る方法をとったのである。そして、ついには坂東の行政は、もっぱら秀郷にゆだねられるまでになってゆく。

121 鬼怒川は「絹川」の意味だった

開墾によって将門が狙ったことは、穀物生産の増大よりは、土壌的条件から桑や麻の栽培にあった。この地方は、昔から養蚕や紡績が盛んだったのである。

将門が国守を襲撃して略奪した財貨のなかに、絹布一万千端が含まれていた。また、将門の妻、君の御前が広河の江で捕えられたときは、三千余端の紡織品があったと「将門記」に記されている。このように絹が豊富にとれた。

絹にちなんだ名称も多く、現在「鬼怒川」と書く川名も、もともとは「絹川」の意味であった。現在のように書かれるようになったのは、洪水になると、まるで鬼が怒ったように荒れ狂ったためである。

また「小貝川」も、古い文献では「蚕飼川」と書かれている。

122 「君の御前」にふりかかった災難

承久の乱は、とかく女性問題がからんでいるといわれる説を裏づける事件として、将門の妻、君の御前が良兼側の兵士に乱暴されたという説がある。

二度目の合戦のとき、将門は病に臥していた。そのため、良兼の襲撃の際、結城郡の安静村芦ケ谷にしりぞいた。しかし、そこも危険になってきたので、妻子を近くに避難させたのであった。

このとき、将門の正妻である君の御前が捕えられ、兵士達に乱暴されて、意識を失ったまま良兼の陣につれ去られた。

君の御前は良兼の娘であり、この事件は良兼にとっても将門にとっても厄介な出来事であったといえる。敵将の妻であっても斬り捨てるわけにもいかず、手あつく介抱して将門にひきとらせたという。

123　情にもろい一面もあった将門

合戦で被害を受けるのは、戦闘能力のない婦女子たちである。君の御前の場合と同様、戦場の常として逃げおくれた敵将の妻妾たちが凌辱された。将門の兵もまた、貞盛や良兼側の女たちに暴行をはたらく者もあった。

ところが、「将門記」によると将門はそれを許さなかったとある。裸にされた女には衣類を与え、手あつくもてなして帰し、乱暴した兵は斬って捨てたという。

敵を袋の鼠同然に取り囲み、殺す気になればいつでも殺せたにもかかわらず、貞盛、良兼の逃げ道をひらいたことなどを考え合わせると、猪武者将門にも、意外に情にもろい一面があったわけである。

124 国香の奴隷、将門の地に逃げ込む

鉄の普及によって、農業はいちじるしく発展していった。鉄製器具の出現によって、耕地の急速な拡大が可能になったからである。

このころはすでに、律令制によって定められた土地公有の制度が崩れ、墾田の永久私有が許されていたので、将門は鉄製農具を作らせ、伴類を動員して開墾に精を出した。開墾すればそれだけ自分の領地が増えるからである。

国香との不仲は、この開墾にも関係があった。将門の開墾地に奴隷の逃げ込みが増え、その被害を国香らが受けたのである。すなわち、公民の各自が奴隷としてかこっていた者が、個人の私有地へと吸収されていった。こうして将門は伴類を増やすことができたのであった。

125 将門の抬頭を助けた「鉄」

将門が十年たらずで独立政権を樹立することができたのは、伴類との結びつきを拡大するとともに開墾で田畑を増やし、生産手段を高めていったからであり、騎馬隊を編成したからであった。

それができたのは、鉄をふんだんに使うことができたからである。

開墾にはスキ、クワが必要であり、騎馬

隊には蹄鉄がなければならない。それが可能な時代に入っていたので、将門は勢力を伸ばすことができたのであった。

この時代、鉄は北上山脈のあたりで産出したものが使われていたという。また、釜石の太平洋岸には砂鉄が産出し、将門はそこから取り寄せたものを使用していた。

126　貴族には逆賊、庶民には英雄の将門像

朝廷や貴族にとっては極悪非道の逆賊である将門も、庶民にとっては英雄であった。庶民が将門に対していかに愛情の念をもっていたかは、後世に北坂東各地に立てられた「将門塚」や数多くの神社にまつられたことから窺うことができる。

北坂東の土豪、有力農民にとって将門は、一時的であれ受領の苛政から解放してくれた人である。

しかも、親族から土地を狙われ、横領されかねない状態にあったことは、心情的にも農民の同情心をあおった。それに蹶然として立ち向い、さらには国家権力に刃向うばかりか独立政権まで樹立したのであるから英雄と映らないはずはない。

将来の展望よりも、目先の利益に敏感に反応する庶民にとっては、将門は救世主であった。

127　「将門記」の覆面作家は誰か

逆臣と折り紙のつけられた将門を、この

時代すでに逆賊とばかりは見ていない知識人がいた。その顕著な例は「将門記」を書いた覆面作家である。

この作者も、将門を逆臣とすることから離れてはいないが、将門に対する同情と好奇心から綴られてゆく合戦のドキュメントには、逆臣とはほど遠い武人的英雄像が描かれている。

「将門記」の作者については、さまざまな説がある。「天慶三（九四〇）年六月中文を記す」と「将門記」の末尾にあるところから、書かれたのは大乱の四ヶ月後である。

叙述の内容から想像されることは、作者は将門の乱を目のあたりに見聞した人にちがいないということで、しかも、かなりの知識人であった。描写が活気にあふれ、臨場感に富み、現場を見ていた者でなければおそらくは書けないであろうと思われる写実的な文章である。人づてに聞いて書いたとは思えない表現が随所に見られ、事件記者の筆を想像させるのである。

さらに、作者は的確に中央の政治的状況を頭において書いている。しかも、中国の史書文献に対する教養もあったことが推測される。いろいろな仏説を引用しながら現世の条理を弁別し、明らかにしようと試みているからである。

これらの点から、覆面作家は、おそらく知識豊かな仏門の人であったのであろうという説も唱えられている。

128 青年時代の将門は勤勉実直でやさしい若者だった

十四、五歳で父を失なった将門は、十人ちかい家族を養う戸主となり、その責任を負うことになって懸命に働いた。記録や口伝によれば、田の畔つけから畑の麦踏みにいたるまで率先して行なったという。

こうした将門が、国香や他の親族の奸計によって次第に変容してゆく。若者らしい気負いと怨念が重なり、私憤が公憤へと転じていったのであった。もし親族が将門に対して欲を顕わにせず、たくみに事を計ったとしたら、承平の乱を引き起こすまでにはいたらなかったであろうと言われている。

いずれにせよ青年期の将門は、野望の若者であるよりは、母親思いの、兄弟思いのやさしい青年だったのである。

129 今もなお地元に残る将門びいき

「好きで死ぬとは酔狂な人もいたもんだ。平将門は矢《や》（嫌《いや》）で死んだというのに」

自殺者が出たりすると、いまでも茨城の人々はこんな洒落を言うという。東国政権を樹立してわずか二ケ月たらず、半日の戦闘であっけなくも死んでしまった将門を、地元民が悼んでいるのである。そして、将門本人も死にたくはなかったであろうが、自分たちも死なせたくはなかったという心の動きがこもっている表現である。

将門の憤死は、庶民にとって残念であっ

たちがいない。しかし、世間をはばからなければならなかったために、表面には出てこなかったのである。

130 西の海賊の首領、純友《すみとも》の暗躍

東国は坂東に平将門が乱を起こせば、それに呼応するかのように、西は瀬戸内海を荒し回る強力な海賊の一団が現われていた。その領袖となって指揮をとったのが、伊予《いよ》の掾《じょう》をつとめ、任期が終っても京に戻らなかった藤原純友である。

純友は伊予（愛媛県）の日振島《ひぶりじま》を根拠に猛威をふるい始めた。

純友の父は筑前守太宰小弐《だざいのしょうに》をつとめた良範である。そうした家柄から、初め純友は海賊の本拠となりつつあった伊予国掾（国司の三等官）として、海賊を取り締まる立場にあったのである。

しかし、その立場から悪の道に接触しているうちに、海賊側から要請され、頭主となって勢力を拡大していった。そして、それまでになかったほどの規模の大きな海賊団を編成することになったのである。

131 残虐な海賊も紀淑人の懐柔作戦には一時丸めこまれる

純友が海賊の頭主として千余隻もの船を駆って本格的に暴れだしたのは、承平六（九三六）年であるといわれている。まず官物の強奪を手初めに、強奪と殺戮を繰り

返した。純友が恐れられたのは、物品を掠奪されることより、簡単に殺されてしまう手口のためである。そのために海の交通は停滞し、漁民も漁に出られなかったほどであった。

そこで、朝廷は本格的に純友打倒に乗りだした。海賊の追捕使《ついぶし》の任になったのが、伊予介《いよのかみ》である紀淑人《きのよしと》である。

淑人の軍戦は成功した。寛大な処置をするという噂から、海賊の幹部三十余名が降参し、それぞれ部下の名簿《みょうぶ》を提出した。それによると、その数二千五百余名にのぼっている。淑人は彼らを罰せず、衣類、田畑を与えて農耕に従事させたので、海賊の勢力は急速に衰退していった。

132　純友は朝廷の懐柔策である従五位下の座を蹴る

紀淑人の対策が効を奏して、一時下火になっていた海賊勢力も、天慶二（九三九）年頃からまたも不穏な傾向をみせ始める。その旗手となったのは、もちろん純友である。純友は淑人の説得を退け、手勢をひきつれて海に出た。坂東では、ちょうど平将門が、常陸《ひたち》（茨城）の国府を襲い、占領した頃である。

海上へ出た純友は、やがて摂津（兵庫・大阪）から淀川を通って京をおびやかし始めた。これを知った朝廷は、天慶三（九四〇）年二月の初め、純友に従五位下を授けると伝え、懐柔を図ったが一蹴された。

朝廷が海賊純友に位を与えて気嫌をとりむすぼうとしたのは、天慶二年十二月に備前介、藤原子高が上洛する際、妻手ともども純友の郎党に捕えられるという事件がおきて弱腰になっていたからでもあった。

133 賊軍千五百隻に対抗するは官軍わずか二百隻

本格的に海賊の頭主となった純友は、「猾賊《かつぞく》」といわれて庶民に恐れられ、朝廷の権威を揺さぶった。淡路国（兵庫県淡路島）を襲って兵器を奪い、讃岐《さぬき》国（香川県）では国司の藤原国風《くにかぜ》の兵を数百人殺し、伊予（愛媛県）や土佐（高知県）でも同じような狼籍をはたらき、周防《すおう》国（山口県）では鋳銭司《じゆせん》（現在の造幣局）を襲って金品を略奪している。

朝廷はこうした暴虐に対抗するために諸国から兵士を集め、あらためて追捕《ついぶ》の軍隊を結成した。その長官に任ぜられたのは小《お》野好古《ののよしふる》、次官は源経基《つねもと》であった。追捕の軍勢は播磨《はりま》（兵庫県）讃岐の二国で調達した二百余隻の船を結集して、海賊の本拠地、伊予に向かった。

これに対する純友の戦力は、はるかに規模が大きく、船の数は千五百隻にもおよび、圧倒的な軍勢を誇っていた。

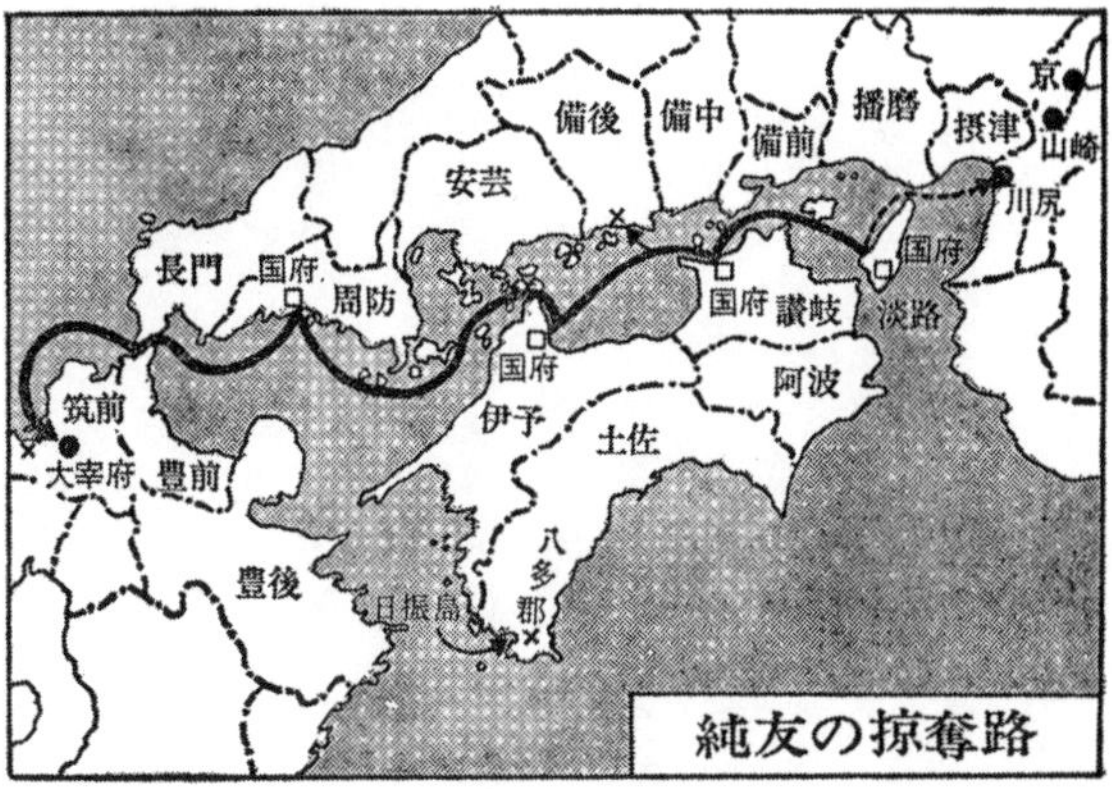

純友の掠奪路

134　純友、大物の味方に裏切られて形勢逆転

追捕の軍勢が着々と純友を追いつめていた矢先、天慶四（九四一）年二月に純友側に大物の裏切者がでた。副将の藤原恒利が、讃岐の国司である藤原国風のもとに走ったのである。このために、純友勢力は一挙に弱体化してしまった。

恒利の詳しい情報のもとに賊兵の宿舎、隠れ家がまず襲われて潰され、海陸の地理を知った追捕の軍勢はにわかに活気づいた。

しかし、その逼迫した状態にあっても、純友の分隊は筑前（福岡県）の海岸を襲い、大宰府まで荒らしている。そして、府の守備についていた兵士を惨殺し、財物をことごとく奪い、火を放った。大宰府の西辺に聳えていた壮大な建て物の多くは、このときにほとんど焼失した。

135 陸路と海路の二手から攻められ、遂に純友敗れる

大宰府が襲撃を受けたことは、朝廷にとって大変なショックであった。小野好古が率いる追捕軍だけでは鎮圧不可能と知るにおよんで、五月十五日（天慶四年）に藤原忠文を征西大将軍に任じ、好古とともに純友に一大襲撃をかけることにした。

まず、好古は陸路から、藤原慶幸《よしゆき》、大蔵春常《はるつね》らは海路からと、二手に分かれて博多にいる純友を攻めた。そして、ついに純友側は大敗に終る。

追討軍が獲得した賊船は八百隻におよび、賊兵数百名が殺されたという。このとき純友は小舟に乗って伊予（愛媛県）に逃がれたが、警固使の橘遠安《たちばなのとおやす》に捕えられ、禁固の身となり、六月二十九日に獄中で死亡した。死因不明である。純友の首は、七月七日に京都へと送られ、この乱も終焉となったのである。

136 都落ちした貴族の末裔がのちの武士団のボスに成長

将門、純友の出現は、鎌倉時代になって性格を顕著にする武士の源流ともいえる。藤原氏の摂関家が中央に大きな支配力をふ

るっている間に、地方では古来の律令体制を揺ぶり、瓦解させる農民、在地領主の私権が拡充していた。私権の拡充は武力抗争を生み、蔓延させずにはおかない。このようにして、次第に武士団が擡頭していったのである。

組織集団には統轄者が必要である。その棟梁に中央とも繋りのある、名門の血筋をひく者が求められた。清和天皇から出た〝源〟、桓武天皇から出た〝平〟など、皇室から臣籍に降った家柄の者が迎えられたのであった。

抗争の頻発は必然的に武士団成長の触媒となる。武士団はこうした状況下で権力を拡充していったのである。

137　地方での武力抗争のエスカレートが「武士」を生む

平安時代も半ばを過ぎる頃には、地方政治の乱れが起ってきた。本来なら任を終えて京に帰らねばならない受領が地方に居残り、不当に私服をこやしていく者が多くなって中央の威光が届かなくなっていた。その典型的な例が平将門の祖父である高望王である。

このように、中央の統制力が低下すれば当然治安が乱れ、小規模な戦乱が繰り返されるようになる。摂津や河内には、すでに多くの荘園をもち、さらに「世ニ並ビナキ兵」といわれるほどの武士に守られている領主もいた。

これを相手に租税をとりたてなければならない国司たちも、必然的に武装せざるを得ず、互いに武力を拡大するようになっていった。

138 武士は兵《つわもの》・侍《さぶらい》ではない

「武士」という文字は奈良時代の文献にもみられるが、それは六衛府（皇居の護衛官）などの武官をさしたもので、戦闘の兵士の呼称ではない。また、新しく擡頭してきた武力集団を「ブシ」と呼ぶようになったのは、もっとあとになってからである。平安時代には「武者《むしゃ》」とか「兵《つわもの》」と呼んでいた。

「侍《さぶらい》」も皇室、摂関家など貴族の屋敷に宿直、警備する侍《さぶら》う人という意味から由来するもので、後世の武士の概念とは異っていた。

139 群盗ものちの武士の起りに一役買っていた

昌泰二（八九九）年には河内国の龍泉寺の仏像が群盗に盗まれてしまったというように、地方には群盗が、しばしば横行するようになった。なお、中央においても群盗の襲撃がいかに頻繁にあり、人々に恐れられていたかは、「今昔物語」の中に書かれているほどである。たとえば「袴垂《はかまたれの》保《やす》輔《すけ》」などは、群盗の頭となって京の通りを旋風《つむじかぜ》のように走り抜け、財宝を掠奪したという。この当時の京の夜を、人々は息をひそめて恐れたほど、掠奪を欲しいままにしていたのである。

　こうした群盗も、ひとつの力をもつことで武士に変貌していった。このように、武士の起りにはさまざまな要因が含まれている。

140　チャンスをじっと待つ術策家の兼家

　道長政権はどうしてつくられていったか。それは父兼家の絶大なる権力と策謀による。道長の父兼家は政治への野心を内に秘めた権謀術策家であった。娘詮子を入内《じゅだい》させ、皇子を生ませたのも、遠大な計画に野心を燃やしていたからである。懐仁《かねひと》皇子を糸口にして、右大臣から摂関太政大臣となって政治を牛耳ろうと図っていた。そして、外威となった年、兼家は五十歳であった。

　兼家は、兄兼通との間に長年の相剋の歴史があった。長兄伊尹の死の際に兼通と関白の座を争って破れ、そののちも兼通からの執拗な追打ちを受ける。そして六年後、兼通が病気で退位する時も、兼通はその座を兼家にゆずらず、左大臣の頼忠のものとなってしまう。

　数々の機会をのがしながらも陰で奸計を企みつつじっとチャンスを待ち、やがて権力の頂点に立った兼家であった。この骨肉相喰む一族にあって、道長は政治的才能に磨きをかけていったのである。

141 自分の娘を入内させるのが権力者への最短距離

権謀術数にたけ、あくなき権力への執着をみせた兼家は、娘詮子を入内させることに成功、外戚となり、典型的な摂関政治の足場を築くにいたった。

天元一（九七八）年に詮子を入内させると、二年後には円融天皇の第一皇子懐仁《かねひと》が生まれた。それによって道長は十五歳にして従五位下に叙せられ、翌年には侍従、さらにその翌年の永観二（九八四）年には右兵衛権佐《ごんのすけ》に起用されるというスピード出世の道を歩むことになる。

しかし、兼家が関白になるにはまだまだ紆余曲折を経なければならなかった。そのために兼家は円融天皇に対していやがらせをすることもあった。天皇の傍から詮子、皇子を遠ざけたのである。天皇は兼家よりも関白太政大臣の頼忠（藤原実頼の息子）のほうに重きを置いていたからであった。

142 新帝即位でまたまたのびた関白の座

内裏が二度にわたって火災にあったこと、兼家のいやがらせに手を焼いたことなどがあって、永観三（九八四）年に円融天皇は退位し、師貞があとを継いで花山天皇と称した。そして、兼家の孫の懐仁親王が皇太子にたてられた。

ところが、この期におよんでなお兼家に関白の職がめぐってこないのである。円融天皇は新帝の関白としてやはり頼忠を指名した。

十七歳で即位した花山天皇は冷泉天皇の第一皇子で、生母は故伊尹の娘懐子である。そこで、一躍政界に進出してきたのが伊尹の五男である義懐《よしちか》であった。花山天皇が即位するやいなやたちまち蔵人頭となり、その翌年には参議、ついで権中納言の地位につくというめざましい昇進ぶりである。このとき兼家の長男道隆は前年ようやく参議であって、四つ年下の義懐に追い越されている。

143　兼家の陰謀が天皇を出家させる

花山天皇即位でもまた関白の職を逃がした兼家は、それでも虎視眈々とその機の熟すのを待っていた。

寛和二（九八六）年六月のある夜、ついに待ち望むチャンスがやってきた。前年七月に女御忯子《きし》の死にあって悲嘆にくれていた若い天皇を、息子の道兼と僧の厳久とがそそのかして出家させることに成功したのである。もちろんこの奸計は父の兼家の指図によるものであった。

元慶寺で天皇の剃髪を見とどけた道兼は事の次第を兼家に報告、それを関白頼忠に伝えたのは道長である。長男の道隆がこの計画に関係していたかどうかは不明であるが、兼家一族によってぬかりなく仕組まれた陰謀であったことに間違いない。

144　兼家、五十七歳で待ちに待った摂政の座を得る

花山天皇が謀《はか》られて出家した翌日（九八六年）、皇太子の懐仁が七歳で践祚《せんそ》（帝になること）した。一条天皇である。新皇太子には、やはり兼家を外祖父とする冷泉院の第二皇子居貞《いやさだ》が立てられた。このとき居貞は十一歳であった。

ここで兼家はまず望んで久しかった摂政の地位についた。息子の道兼は蔵人頭となり、参議に列する。長兄伊尹の死の時は次兄の兼通にだしぬかれ、円融退位では頼忠にさらわれて、以来十四年もの長い間待ち望んだ宿願が叶ったわけである。兼家五十七歳のことであった。

その間、おのれの欲望を満たすために二人の天皇を退位させ、果ては冷泉、円融、花山の三人の上皇が並びいるという異常な状態をつくったのであった。

145　「大鏡」が教える豪胆な道長像

父兼家の摂政就任によって、後に平安時代の他の誰よりも栄華をきわめる道長の栄達の道が開けるのであった。その道長の性格の一端をあらわすエピソードが「大鏡」に綴られている。

兼家親手が頼忠の息子である公任《きんとう》について語っている場面がある。

「四条大納言（公任）は何事にもすぐれて大層な羽ぶりである。『なんとも羨ましい

ぎりだ。私の子は彼の影さえ踏めぬありさまで口惜しいことだ』と兼家がいうと、長男の道隆と三男の道兼は『まったくそのとおりだ』といかにも気がひけるふうに返事をした。ところが五男の道長は『影は踏まずにその面を踏んでやるわ』といった」というのである。

子供の頃から秀でた才気をもっていたとともに、反面思慮深い人であったといわれている。

146 道長、名門の倫子《りんし》を妻にと狙う

道長が倫子と結婚したのは、永延一（九八七）年である。道長二十二歳、倫子二十四歳であった。倫子は当時政界の長老であった左大臣の源雅信の娘である。宇多天皇の血をひく名門中の名門の出であった。

二十四という年令は、当時の女性としては晩婚であるが、その理由は雅信が入内させるか有望な親王に添わせるかと迷っているうちに年を経てしまったのだといわれている。ともかく、道長の求婚を雅信は喜ばなかったようである（栄花物語）。

しかし、道長は左大臣の父をもつ娘を諦めなかった。摂関家は伝統的に皇室の血をひく女性をめとる傾向があったことと、それが政治的打算とつながっていたこともあったからである。倫子への求婚は父の兼家が摂政に就任した直後のことであった。

147　紫式部との間を噂された風流人、道長

道長は父と異なって慎重な性格であった。父の兼家は雅信や公任などの一派とくらべれば、平安貴族にとって必須の条件であった教養━詩歌管弦、あるいは故実にやや欠けるところがあり、どちらかといえば粗野で猪突猛進型のタイプであった。そのために兼家はコンプレックスをもっていたといわれる。

それだけに息子たちは母方の手によって教養を深めた。のちに紫式部と愛人関係をもったと疑われたのも、詩歌を通じて親しい交際をしていたからである。

そうした性格は生来的なものではあっても、父の歴史をつぶさに見てきただけによりいっそう意識的につちかわれたものであろう。

148　姉がとりもった道長の二人目の妻、明子《めいし》

倫子と結婚した道長は、さらにその翌年明子と結婚する。明子は故左大臣源高明の遺児であった。父の死後、彼女は伯父の盛明親王のもとで育てられていたが、そののち円融天皇の后であり一条天皇の母后、道長の姉である詮子《せんし》のもとに移され、そこで成長していた。

姉思いの道長はしばしば詮子のもとを訪問しているうちに知り合い、また道長びいきの詮子がとりもった縁ではないかといわ

平安末期の公家の子供の服だった衵姿《あこめすがた》

れている。「大鏡」の作者は、道長の兄の道隆、道兼がそれぞれ明子にいい寄ろうと図ったが、詮子は、道隆・道兼は、道長ほどに信頼をしておらず、成功しなかったと書いている。

ともあれ、道長は明子を第二の妻にすることができた。倫子の場合は政治的意味合いを含んだ結婚であったが、薄幸の姫君明子に対してはかなりの恋愛感情が込められていた。

149　はなやかな女性関係を繰りひろげた道長の生きざま

結婚以前から艶聞はなやかであった道長であるが、倫子、明子と結婚して多くの子供をもうけながらも、さらに女性関係は広がっていった。

いつの時期かはよくわかっていないが、権大納言源重光の娘とも結ばれて一子をもうけている。さらには「紫式部日記」のなかにも登場する「大納言の君」、すなわち長女彰子の女房とも浅からぬ関係にあった。この女性は倫子の姪である。そして、「尊卑分脈」にはかの紫式部が「道長妾」と書かれている。

重婚、そして多くの妾をもつことは、天皇、親王、上層貴族のあいだでは通例の習俗であったが、道長もまたはなやかな女性関係をあちこちで結んでいたのであった。

150 良き妻の立場を守り通した倫子

倫子と明子は道長の人生において大きな助けとなった。特に倫子は道長と居を共にして内助の功があり、第一級の貴族女性であった。また、貴族女性のたしなみとして、嫉妬することもなく明子との関係を平穏にとりなした。

倫子は結婚の翌年には長女彰《しょう》子《し》を生み、頼道《よりみち》、妍子《けんし》、威子《いし》と続く。そして、末娘嬉《き》子《し》を生んだときは齢四十四歳になっていた。

一方の明子は、道長二十七歳のときに頼《より》宗《むね》を生み、ついで顕信《あきのぶ》、寛子《かんし》、尊子《そんし》、長家《ながいえ》をもうけている。

倫子は明子の子供たちに気を配ることもおろそかにしなかった。倫子の支えによる家庭生活の安定が、道長の執政時代に大きな影響を与えたのであった。

151 一条天皇の即位で頂点を迎えた兼家一家の権勢

一条天皇の即位、それは道長の前途を大きく展き、不動のものにしていった。践祚の当日（九八六年六月二十二日）には従五位上に叙せられ、昇殿を許され、たちまち蔵人になった。蔵人頭（長官）は兄の道兼である。そして翌年の九月には従三位に昇進、倫子との結婚直前のことである。

さらに、その次の年の一月には参議を通り越して権中納言に起用された。このとき長兄の道隆は権大納言、次兄の道兼も権中納言になっている。かくして政治の枢軸は、兼家を頂点に三兄弟で占められることとなったのである。

兼家にとって、この期の到来はまさに満悦至極であったわけである。東三条第、二条京極第を壮麗に建てなおし、天皇・公卿を招いて詩宴、酒宴が繰り返され、すべてが派手で豪奢で、「日本紀略」に「希代の事なり」と書かれたほどであった。

152 つかの間の全盛期のあと、兼家は病死

関白兼家の満悦至極の日々もわずか二年で終ることになった。正暦一（九九〇）年五月、病いから職を辞して出家、七月には他界してしまったのであった（偶然にも道

長の生涯と同じである)。摂政の在職は、老年期に入った五年で終らざるを得なかったわけである。

兼家の後任には長男の道隆がつくことになった。そして、しばらく摂政を勤め、やがて関白職におちつく。道隆は「中関白」と呼ばれていた。

道隆が三十八歳で摂関の地位につくと、例にもれず彼の子女がたちまち宮廷、政界へと進出した。まず長男の道頼は参議となり、正暦二(九九一)年には十八歳の伊周が参議に列し、二人は九月には七人の先任者を越えて権中納言になった。しかも伊周は翌年の八月には権大納言になり、兄の道頼を抜く。

153 十代の大臣が誕生する大椿事

摂関家一族の権力への執着は、常識では考えられないことをいともたやすく実現させる。

正暦四(九九三)年に久しく左大臣の地位にあった源雅信が死去すると、翌年には右大臣の源重信がそのあとをつぎ、内大臣道兼が右大臣となる。そして、内大臣の空席に坐ったのは十九歳の伊周であった。ここで道長は若い甥に抜かれてしまうのである。また、隆家は十六歳で従三位に叙せられ、その翌年には権中納言となる。

藤原実頼、藤原師輔が参議になったのは三十二歳、二十八歳であり、兼家が中納言になったのが四十一歳。道長こそ二十三歳で権中納言になったが、伊周、隆家にいたっては十代で要職についたのである。これは一門の誇示と権勢欲がとどまるところを知らずに次第に拡大された結果であった。

154　清少納言と定子は一条天皇の人生教師だった

中関白家（道隆）にとっては、現在はもちろん将来においても繁栄を持続させていかなければならない。そのために、娘の定子を一条天皇の後宮にいれた。そして皇子の誕生を待ち望んだ。これまで何度か繰返されてきたパターンを踏襲したおかげである。それこそが摂関家の命運をかける宮廷史における重要な課題であったからである。

天皇が十一歳で元服したのが、正暦一（九九〇）年の一月である。その直後に定子は入内した。十五歳であった。その後、皇太子居貞のもとへも二女原子をおくり、女御になっている。

一条天皇はまだ若年のため、教養深く年上の定子からさまざまな手ほどきを受けて成長した。詩歌管絃の道はもとより、愛欲の方面にいたるまでコーチを受け、それを助けたのが才気煥発な清少納言であった。

155　疫病によってくじかれた中関白家の栄逢

定子、清少納言の努力も甲斐なく、懐妊の兆のないまま月日はむなしく流れるばかりであった。あとは一条天皇のおとなになるのを待つほかはなかったのである。そうしたなかで、思わぬ災難が中関白家を襲ったのであった。

長徳一（九九五）年のことであった。疫病が蔓延して要人がつぎつぎに倒れ、中関白家の野望を狂わせた。

まず、疫病蔓延の前の年から健康がすぐれず、床に伏していた道隆が、年が明けても回復しないまま四十三歳で歿する。その十六日後には、跡を継いだ道兼が、これ又在位わずか七日であっけなく急死してしまった。中関白家には道隆のあとに内覧（天皇に奏上する文書に目を通す重要な職）の任を経験している伊周がおり、その弟の隆家がいる。しかし、政権はここでついに道兼から道長に委ねられることになるのである。

156 一条天皇、生母の説得に屈して道長を内覧に起用する

天皇は、道兼の歿後三日目に、権大納言道長に「内覧《ないらん》」の宣旨を下した。こうして一挙に道長の栄達への道が展かれたわけである。疫病なく、道隆、道兼が健在であれば、道長にとってまだはるかに遠い道程であったはずである。

当然、伊周には不満な人事である。順序からいけば内大臣である伊周が起用されるはずであった。伊周は定子の兄弟高階家の

人々と共にねばりにねばって一条天皇を口説いたといわれる。しかし一条の生母であり、弟思いだった詮子が道長を推してゆずらなかった。

ついに天皇は折れ、内覧という絶大な権力をもつ道長がここに登場するのである。権中納言、権大納言として要職にあることと八年、道長は三十歳になっていた。

157　花山法皇と伊周の女争いからおきた「長徳の変」

道長の父兼家とその息子道兼にそそのかされて出家した花山法皇は、名だたるスキモノであった。退位後は暇にまかせて仏事と漁色に精を出し、風流な生活に耽溺していた。

法皇には通う女がいた。故太政大臣藤原為光の四女である。ところが、偶然にも同じ家の三女には伊周が通っていたのである。当然互いの姿を認め合うことが生じて伊周は法皇が自分の女に通っているのではないかと疑った。それと知った隆家は血気にはやり、牽制の意味で従者に矢を射させた。矢は法皇の袖を貫き、そのために死者まででる乱闘さわぎとなったのである。

この事件が伊周の立場を悪くしたのは当然、道長には利をもたらした。その結果、伊周は大宰権帥、隆家は出雲権守に左遷されることとなった。これが「長徳の変」である。

158　道長が待ちに待った彰子入内の日

長保元（九九九）年十一月一日、彰子は入内した。道長にとって晴れのこの日に、公卿はこぞって参内したという。受領からの贈物がきら星のごとく並べられた。一流の画人であった故常則が描いた屏風に、能筆で知られる行成に歌を書かせたのは道長である。父として、摂政として、いかにこの日を待っていたかが窺われよう。

この日を祝って、花山法皇からも賀歌が届けられた。道長はそれを「読み人知らず」として扱った。また、かつて「影さえ踏めぬ」身だと兼家を嘆かせた公任も、道長のために歌を贈っている。

さて、彰子が女御となったその日に、偶然にも中宮定子が皇子を生んだ。一条天皇の第一皇子敦康《あつやす》である。

159　彰子のサロンに紫式部が登場

兼家のころから次第に豪奢になり始めていた宮廷生活は、道隆を経てさらに華やかになっていた。彰子入内で宮廷に運び込まれた装束、調度の類は、詮子のときにくらべてはるかに贅沢であった。女房も三十人を越える秀れた人材が集められたのである。

中宮から後皇后となった定子の女房には清少納言がいて、伊周などもかつてはその教養を競い、知的なサロンを楽しんでいたのである。これに対抗すべく、彰子のサロンには清少納言と拮抗できるばかりか、凌駕する秀才を道長は求めたのであった。

それによって姿を現わすのが、紫式部である。そして、これらの女房たちは歴史に残る王朝文化を爛熟させ、この時代の女流文学を残すことになるのである。

160　定子、詮子の死により彰子に運が開ける

長保二（一〇〇〇）年の十二月、定子は皇女を生み、そのあと間もなく歿する。二十五歳であった。凋落し、蟄居していなければならない身の中関白家の伊周らには、開運の道は敦康親王だけとなった。この遺子を道長や彰子は大切に扱い、心を配ったという。


定子の死によって、彰子の身の上は順調に運んでゆく。長保三（一〇〇一）年には、天皇を土御門邸（道長邸）に迎えて東三条院詮子の四十の賀を催すなど、中宮としての実力を示している。

四十歳になった詮子は、さらに健康を損ねていた。石山寺詣も霊験あらたかならず、衰弱がひどくなる一方であった。そして、ついに剃髪して戒（身心の悪を防ぎ、善を行なうこと）を受けることとなる。それから間もなく詮子は四十年の生涯を閉じた。皇后定子が逝って一年後のことである。

161　一門結束のために建立した浄妙寺と法成寺

元来虚弱体質であった道長は、三十代から病魔におかされ、出家を決意して朝廷に意志を伝えたが叶わなかった。その後快方に向かった道長に、世の流れは最高権力を与えたのであった。しかし、病弱ゆえに仏教への関心は強く、寛仁三（一〇一九）年には出家して「入道」と呼ばれるにいたった。

浄妙寺と法成寺の建立は、道長の生涯における仏教的大事業である。

浄妙寺建立を思いたったのは、自分の身体が病弱であったことのほかに姉詮子の死、父兼家の供養の意味があった。それに加えて、摂関を目の前にして、和解が成立していた伊周も含めて藤原家中軸の家々を祖の名のもとにまとめておかなければならないという要素も含んでいた。また、道長いわく「年月推遷して齢漸く老い、余生は只恩を憶ふの心あり」の心境にもなっていたのである。

162　道長の豪邸「土御門殿」のたたずまい

広大で贅をつくした道長の館、土御門殿の様子が「紫式部日記」の冒頭に描かれている。

「秋のけはいがしはじめるにつれて、土御門邸のありさまはいいようもなく趣が深い。池のまわりの木々の梢や遣水《やりみず》の近くの叢《くさむら》は、とりどりに一面秋らしい色をおび、それが空一帯のなんとなく深みがあるのに引き立てられ、（安産祈願のための）不断の御読経の声の、しみじみとした情感が一段と心を打つというものである」

このくだりは、道長の願いかなって懐妊した彰子が、紫式部をひきつれて父の邸に帰っていたときの綴りである。彰子は寛弘五（一〇〇八）年七月十六日に帰り、紫式部の記事も七月中旬頃のものである。

163　栄達への道半ばにして挫折した不運な伊周

年若くして政治の要職に座し、中関白家の旗頭として栄達の道が展けかけながらも、ついに挫折を余儀なくされた伊周である。一度は道長と和解したものの、その終焉のまぎわはまた哀れであった。

寛弘六（一〇〇九）年二月、いまわしい事件が起き、その元凶が伊周にあるとされたのである。その事件とは、伊予守佐伯公行の妻光子、民部大輔源方理とその妻と父とが中宮（彰子）と一条帝の第二皇子敦成親王を呪詛したというものである。そのためにこれらの人々はとらえられ、呪術に関係したという僧の円能も追及を受けた。そのあげくに、朝廷は「事の根元は藤原朝臣（伊周）にあり」と断定した。第二皇子誕生をねたむ第一皇子の伯父の陰謀であると考えたからである。

伊周は前日に正二位に叙せられたばかりであった。それなのにこの事件で参内を停止され、四ヶ月後に解除されるが、身に覚えのない嫌疑を受けた痛手は深く、翌年の一月に、ついに三十七年の生涯を終えるのである。

164 譲位後、じきに生涯を終えた一条天皇

伊周の痛ましい終焉があって一年半後、伊周と親交の厚かった一条天皇が譲位することとなる。理由は定かではないが、道長との仲がしっくりいっていなかったことが原因であるかとも考えられている。それに、定子の子である第一皇子敦康の元服も済み、新しい帝に立てたいとの希望もあったようである。

中宮彰子は天皇の心を汲んで力添えをしたが、それは容れるところとはならなかった。一条天皇はそれ以上は求めず、寛弘八（一〇一一）年六月に皇位を退く。新帝には冷泉の皇子で三十六歳の居貞親王がなり、三条天皇と称した。皇太子は道長の強い要求で四歳になったばかりの第二皇子敦成親王が立てられた。

一条は退位後病いが重くなり、剃髪して出家、そしてあわただしく三十二年の生涯を閉じたのであつた。

165 三条天皇と道長の確執

三条天皇は道長にとって思ったよりも手

公家の子供の汗衫姿《かざみすがた》

ごわい相手だった。天皇が自分の意志を表に出し始めたからである。ただ、道長に拮抗してゆくには、病弱、狂疾の体質をもっていた。冷泉の血をひいて、三条もまた体に多くの疾病をもっていたのである。ことに、悪性の眼病を患っていたために、失明に近い状態にあった。

道長は天皇の疾病を理由に退位を迫った。そうなれば外孫敦成親王が幼帝となり、待望の摂政の地位につける。

しかし、三条天皇は失明の苦悩のなかでもねばりにねばって譲位しなかった。

三条は治世五年間の初めと終りに、道長に対して関白につくことを求めている。だが、道長は辞退した。関白職を拒んだのは、受諾すれば三条の在位期間が長びくと考えたからである。道長は、急いで関白職につかずとも、早晩、摂政になれることを計算したにちがいないのである。

166　平安朝最大の権勢をほこった道長の子息女たち

三条天皇との確執のなかで、道長は一門の繁栄のために確実に布石を置き始める。

まず、長和一（一〇一二）年二月に二女妍子を中宮とした。東宮敦成親王の元服に備えて入内させておいたのである。そして長和四年迄に道長の息子達が次々に要職についた。

二十四歳の頼通は権大納言となり、春宮権大夫、左近衛大将を兼ねる。弟の教通、頼宗は並んで権中納言となり、二十三歳と二十歳である。この年令で、しかも短期間に兄弟が要職についた例は、摂関家の歴史でもこれまでにない。道長の「一門栄達」がいかに強いものであったかは、その血縁関係をたどってみることによって明らかとなり、要職は悉く道長側において占められた。

167　三条天皇、内裏火災のショックでついに退位

道長は妍子を三条天皇の中宮とはしたが、ここには内親主（禎子）が生まれたのみで、皇子は誕生しなかった。禎子誕生の時、道

長は喜ばなかったということが「小右記」「栄花物語」に書かれている。外戚の希望がここにはかなえられなかった。そのためか、道長と天皇の間は次第に面白くなくなり、天皇の眼疾を理由に道長は譲位をすすめるというようなことにもなったのである。

譲位を拒み続けた三条天皇も、しかし悪化する病魔には勝てず、政務を左大臣道長にゆだねざるを得なくなっていた。ここに、道長は准摂政の地位にのぼり、天皇のほうではまた、これによって道長との間を少しでもよくしようと考えたのだった。そして、一方でまた病いにうちかつ努力を重ねていたのである。

そうした折の長和三（一〇一四）年の十一月、新築なったばかりの内裏が又も火事に見舞われ、累代の宝物はことごとく灰燼に帰してしまったのである。

道長はこの機に乗じて譲位をうながした。これまで強気であった天皇も、火事のショックで弱気になっていたことから、ついに退位を決意する。ただし、ひとつの条件が添えられた。天皇の第一皇子敦明親王を皇太子に立てるというものである。道長は譲歩して三条の意を受け入れた。

長和五（一〇一六）年一月十九日、皇太子敦明は九歳で即位、後一条天皇と称した。ここに道長は名実ともに摂政の地位についたのであった。

168 道長、摂政の職を長男にゆずる

長和五（一〇一六）年十一月、道長は左大臣の職を退いた。後任には右大臣の顕光が、右大臣には内大臣の公季がそれぞれ繰りあがり、内大臣に長子の頼通をすえた。頼通を左大臣にせずに内大臣の座においたのは、摂政の職を譲ろうと考えていたからである。道長が摂政をやめて頼通に譲るのは、翌年三月十六日であつた。

「天皇が元服をするまでは……」との彰子の願いを退けて退陣したのも、四人の息子たちで政権を充分牛耳うるとふんだからである。また、健康にすぐれず転地療養の必要にもせまられたからであった。

169 もののけ、死霊に悩まされる道長

この世をばわが世とぞおもふ望月《もちづき》の

欠けたる事もなしとおもへば

と栄華をうたった道長にも人生の終りが近づいていた。この歌は威子の立后（後一条天皇の后）の宴で詠まれたものである。彰子、妍子、威子と、一家から三人の中宮を出すことは前代未聞のことであった。そして末娘の嬉子も皇太子の女御として入内している。皇室はあたかも道長一家のようであった。

しかし、道長は持病の風病（人の身に病気を起こすと信じられた邪気による病気）に悩まされ、怨霊、もののけに苦しめられた。寛仁二（一〇一八）年ごろには、病い

はたいへん重く、高熱のために薄衣で筵《むしろ》の上に横たわるという状態であった。視力もめっきり衰え、二、三尺をへだてた距離ではよく人の顔も識別できなかったほどであったという。

170　病魔におかされて苦悶の終焉

万寿四（一〇二七）年十二月四日、寅時（午前四時ごろ）、ついに道長は逝く。

発作に悩まされ、はては下痢に苦しめられたうえ背中に悪性の腫物までできて、道長の死にざまはまさに阿鼻叫喚そのものであった。

十一月二十一日には、もはや水さえ口にできない状態で、二十四日には死を覚悟して病床を阿弥陀堂の内部に移している。

十二月二日には背中の腫物に針をいれ、膿汁を出す手術が行なわれた。そのとき、道長は念仏を唱えながら手術に臨んだ。しかし、その声はうめき声に変わり、そのうめき声ももはや消えいるほどであった。そして、ついに四日の夜明け前に息絶えたのである。

道長の生涯はかように華やかではあったが、健康はすぐれず、性格も神経質で、かなり精神的には悩みが多かったように思われる。臨終の際の「栄花物語」の叙述も大変美化されて書かれてはいるが、実際はかなり苦しいものであったように察せられる。

道長によくつかえ、忠実であった実資が、

死にいたるまでの病状をくわしく日記に書きとめている。だが、道長への哀惜をあらわす言葉はなぜか一語も見出すことはできない。

「人物」史料の真実

●道長と、法成寺の華麗で荘厳なたたずまい

法成寺は、道長出家後に建立した寺である。寛仁三（一〇一九）年出家し、行観（行覚）となった道長はこれより宗教生活に入り、法成寺の建立を思い立ったのである。翌四年には三后（彰子、妍子、威子）の行啓を仰ぎ、落慶供養が行われた。中河のほとりにあったため中河御堂とよばれていたが、このとき無量寿院額（行成の筆）が作られた。法成寺には金堂、五大堂、阿弥陀堂、その他多数の堂塔僧房があり、まず金堂は、治安元年（一〇二一）建築がはじまり、翌二年七月十四日落慶供養が行なわれた。後一条天皇の行幸があり、法成寺の名称はこのときあたえられた。金堂は大御堂と称し、屋根は緑色の瓦で葺かれ、柱、組物等には紫檀などの銘木を用い、蒔絵を施し、螺鈿《らでん》宝石をちりばめ、黄金の金具が用いられた。壁には菩薩聖衆楣間には諸天の雲に乗って遊戯する有様が画かれてあった。天皇が大門を入られる頃、池に浮んだ竜頭鷁首の船が奏楽してお迎えする。池には造花の蓮華が種々に咲き、華上には一つ一つ小さな造像が据えてあった。開かれた扉には釈迦の誕生から涅槃に至る八相成道の絵が画かれ、堂内の本尊は大日如来で左右には弥勒、文殊両菩薩が立ち、梵天、帝釈、四天王等が配置されてあった。法会が終る頃、道長は阿弥陀堂に行き、念仏を行なった。阿弥陀堂の読経や念仏には浄土信仰に熱心な尼達四五人が常に参加し、尼達にとっては、この阿弥陀堂の中に入ることが極楽浄土もかくやと思われる程であったという。御堂は境内の西側に南北に長く、東向の十余間の瓦葺の建物であった。堂内も金色と丹青の葵をつくしており、扉には九品浄土の有様が描かれていた。

本尊は丈六の阿弥陀如来九体が並び、左右に金色の観音、勢至菩薩が居並び四天王が守護していた。九体の阿弥陀如来は、九品浄土を形どり、村濃の組紐がそれぞれの仏体の御手を通じて中尊のところで総括され、道長の念踊の座まで引いてあった。

これらの尼達は、我が家には帰らず、中河あたりに住むある尼の家に泊り、いつまでも御堂の印象を語りつづけるのであった。夜更けて法成寺に詣ることもあり、八月二十日過ぎの在明の月は澄みのぼり、池のめぐりや御堂の前の前栽には露が玉のようにきらめいていたという。西中門の南方には法華三昧堂があり、読踊が始まっていて、阿弥陀堂では懺法が行なわれている時であったが、道長の声は多くの僧の声にも紛れず、特別尊いもののように聞こえたという。その尼達は、昼間寺内をめぐり歩き、三昧堂、阿弥陀堂、五大堂などを巡回し、法華経の不断経、大般若経、仁王経の読経の場面に出会い、曼荼羅を懸けて阿弥陀の護摩や尊勝の護摩を行うもの、小法師の経論を勉強したり、千字文や孝経を読む所なども覧て、その尊さは極楽浄土全くそのものであると考えたという。

万寿三（一〇二六）年三月、法成寺の薬師に遷仏の儀が行なわれた。道長は感激のあまり歓善の涙が雨と流れ落ちた。仏像が到着するころ、少年達が鳥の舞を奏でて迎え奉り、山の座主院源が進み出て仏を拝したとき、境内に充ち溢れた群衆の口からは「南無」という声が発せられた。

六月二十六日に薬師堂供養が盛大に行なわれた。道長の北の方倫子も参加した。七仏薬師の並んだ両端には日光、月光仏が立ち、十二神将が合間合間に居並んだ。これらの多くの仏像は、菩提心を発した道長の心の中から現れたものであるという。

万寿四年八月、法成寺釈迦堂に百体仏遷仏の儀を道長は営んだ。中尊に丈六、他の九十九体は等身仏で、いずれも金色に輝いていた。さらに道長は、百体釈迦の供養に続いて法華八講をおこなった。

妍子は法成寺に近接した南殿に移り、出家し崩御となった。日ごろ造らせておかれた五大尊を本尊として五七日の法事が営まれ、四十九日は法成寺阿弥陀堂において銀製の阿弥陀三尊を飾ってしめやかにとり行なわれた。

その後、道長も病がつのり、法成寺阿弥陀堂に移り、念踊の闘を病床にした。法成寺供養会に参籠した尼たちは夜昼額に手を当てて平癒を祈願した。道長は病床にあって臨終念仏を念続け、手には九体の阿弥陀如来の御手から引いた糸を握り、北枕に西向きに臥して最後の息を引きとったのである。十二月四日、臨終と見受けられた時、胸より上にはまだ温気が残り、僅かに口を動かしているのは念仏を唱えているように見えたという。

第五章

「冠婚葬祭」

ものしり22の史料

171　元服の年令はまちまちだった

男子が一人前になったと認める儀式である元服は、その年令は必ずしも一定していたわけではない。皇族では十一歳から十六、七歳まで、臣下では五、六歳で行なわれることもあった。しかし、多くの場合は十歳ごろから二十歳ごろまでの吉日を選んで行なわれるのが普通である。

ところで、儀式は天皇の場合を例にとってみると、次のような手順で行なわれたという。

まず、太政大臣が天皇の頭から「空頂《くうちょう》黒幘《こくさく》」という絹で作られた頭巾を脱がし、冠をかぶせる「加冠」を行なう。そして髪の手入れをしてから内蔵頭が総角《あげまき》（髪を左右に分けて結んだ子供の髪型）をとき、一つにまとめて結びなおし、そのまま端を切る「能冠」を行なう。最後に童服を脱ぎ、成人の服を着用して終了する。

元服の儀式を終えて数日のうちに、吉日を選んで祝宴が行なわれ、叙位、賜禄、大赦なども行なわれ、摂政の者はその任を解かれた。

172　女子の成人式は裳着《もぎ》といった

男子の元服にあたる「裳着」は、女子の成人を祝う儀式である。だいたい十二歳から十五歳までに吉日を選んで行なわれた。この日はじめて「裳」をはくことになる。裳は腰から後に長く引く礼装用の衣装である。この裳の紐を結ぶ人を「腰結《こしゆい》」といった。

この儀式のとき「黒歯《はぐろめ》」や「引眉《ひきまゆ》」も合わせて行なわれることもあった。奈良時代や江戸時代には既婚の婦人だけであったお歯黒も、この時代には未婚者も行なったのである。引眉とは眉毛を抜き取って眉墨を引くことである。しかし、すべての女性がそうしたわけではない。「翠黛《すいたい》」という緑色のものを引くこともあり、眉を引く位置も形も一定ではなかった。

173 大極殿で行なうのが常例だった天皇の即位式

天皇の即位式は、大極殿（宮中の正殿）で行なわれるのがきまりであった。しかし、歴代の天皇が誰でも大極殿で行なったわけではない。

大極殿の高御座《たかみくら》で行なおうにも焼失していて不可能なことがあったし、病弱でそこまで出向けなかった天皇もいて、場所は豊《ぶ》楽《らく》殿であったり、紫宸《ししん》殿であったり、太政官庁の中であったりしたからである。

例をあげれば、陽成天皇（八七六〜八四）の場合は豊楽殿（焼失のため）、冷泉天皇（九六七〜六九）のときは紫宸殿（病気のため）、後三条天皇（一〇六八〜七二）は太政官庁（焼失のため）で即位式を行なった。

174 荘厳だが、複雑な順序次第のある即位式

国家の最も重大な儀式である天皇の即位式だけに、それにいたるまでの準備、さらに式そのものは極めて面倒なものであった。

まず、式にさきがけて即位を行なうことを伊勢神宮に報告する奉幣使《ほうべいし》が出される。この使いは伊勢神宮だけではなく、各地の主要な神社にも送られた。

そして当日。大極殿の南庭、中央階段から十五丈四尺の場所に、北向きに（正殿に向いて）銅鳥幢《とう》が設えられる。これは高さ三尺の柱の上に金色の蓮の花の座がつき、その上に三本足の金色の鳥が翼を伸ばしている銅製のものである。そのほか、日像幢、月像幢、朱雀旗、青竜旗、白虎旗、玄武旗などさまざまな小道具が定められた位地に立てられ、式場が設定される。やがて群臣が集まり、天皇は従者を従えて高御座に座す。宣命使が宣命を読みあげて天皇の即位を宣言し、群臣がそれをたたえて式は最高潮に達するが、その式次第は複雑で、細部にわたって様式が定められていた。そして、式が終ると再び伊勢神宮や諸社に使いが送られ、即位を報告するのである。新天皇即位後の新嘗祭は、特に「大嘗祭《だいじょうさい》」といって盛大な儀式が行なわれる。

175 ヨバウとは結婚の意味だった

現代でも結婚を意味する言葉としてさま

男子が頭にかぶる巻纓冠《けんえいのかんむり》

ざまな言葉が使われているが、平安時代にも多くの表現が用いられていた。

「ヨバウ」とは、現代人にとって奇異に感じるかもしれないが、当時の風習からすればあたりまえの言葉であった。求愛のため女のもとに忍んでゆき、女を「呼ばう」のがやがて「夜這う」と認識されるようになる。「源氏物語」「宇津保物語」の中に使われている。

以下、つぎのような言葉が使われていた。

「メアハス（妻合《めあわ》す、妻として連れ添わせる）」＝和名抄。「アハス（二つのものの間をしっくりさせる）」＝大和物語、「アフ（二つのものが近寄ってしっくり一つになる）」＝源氏物語、「トツグ（門継《とつ》ぐ、欠けたところをふさぐ)」=宇津保物語、「スム(住む、男と女が一緒に暮らす)」=竹取物語、といわれていた。

また、婿は「むこがね」「むこのきみ」と呼ばれ、嫁は「よめ」「よめのきみ」「うえ」「北の方」と呼ばれる。また、「よめあつかひの程、いとおかしくなん見えさせ給ひける」と栄花物語(巻一、月宴)にあり、新しい親王妃を帝や后が嫁としてうまくあつかうという風に用いられているのも面白い。

176 平安時代は「むことり婚」が一般的だった

平安時代以前、万葉時代の婚姻は、男が女のもとに通う「妻問い婚」が普通であった。氏族が生活の単位となっていた時代は、夫婦のあいだはたんなる恋愛関係でしかなかったのである。平安時代になると、通ってきた男を女の生活体系に組み入れようとする傾向が起り、男は同族として女方に居つくようになったのである。そして、「むことり婚」の形式が生まれた。これは、婿の労働力を必要とした農民のあいだから広まったという。

息子は成人すれば他家に婿にとられて家から去り、娘は家に残って子を生み育てる。氏姓は父系であるが、財産は女から女へと受けつがれていくのである。

ただ、資力のある男は自分の力で新居を

建てて女をともなう場合もあり、光源氏が紫の上や女三宮と同居するのはこの例である。しかし、婿の父の家へ妻子を連れて住むことはなかった。

「源氏物語」でも光源氏の正妻、葵の上との場合は、源氏は葵の父、左大臣家に住み、二人の子夕霧は左大臣家で育っており、葵の上の死後も、源氏はたびたび左大臣家を訪れ、亡き妻の思い出を義父左大臣としみじみ語る場面は感動的である。

177　当時の結婚式がまとまるまでの手順は

求愛、求婚は男性がするものであって、女性から行なわれることはなかった。

男は噂や言い伝えで知った適齢期の女性に恋心を燃やし、求婚の歌を贈るのが常であった。そして、返事を待つのである。

それに対し、女が独断で返事をするのは普通だが、場合によっては親がいろいろ男を調査、検討したうえで諾否の決定をし、娘に代って返事を書く時もある。

受け入れられたときは、婿が吉日の夜に従者とともに車で出向く。そして、松明の火を脂燭（室内用の明り）に移して寝殿に入る。その夜、婿の沓《くつ》は妻の舅姑が懐に抱いて寝るのが慣習で、脂燭の火は三日間消さない。

新婚から三日目の夜、餅が銀盤三枚に盛られて供された。新郎・新婦に供される三日夜の餅の儀である。婿は烏帽子《えぼし》・狩衣《かりぎぬ》を着け、帳の前に出て饗膳につく。そして翌日に、「露顕《ところあらわし》」、すなわち結婚の披露が行なわれ、舅姑以下親族が婿と対面し、友人たちも加わって祝宴となるのである。

178 男子は十二歳が結婚適齢期だった

男子の結婚適齢期は成人式を済ませたころ（元服の直後）が一般であった。たとえば、「源氏物語」の主人公・光源氏は元服の日に左大臣の娘・葵の上と結婚している。光源氏が十二歳、葵の上が十六歳であった。このように、東宮や皇子の元服の夜、公卿の娘などが選ばれて添い寝することを「そいぶし」ともいう。これは最初の正式な結婚であるが、この場合、年長者の女性が選ばれるのが多い。

179 「ナカウド」は今も昔も売り込み上手

この時代からすでに結婚の仲介者がいた。この人を当時「ナカダチ」＝源氏物語、あるいは「ナカウド」＝催馬楽、と呼んだ。

ナカウドは現代の「仲人」にあたるが、現在のように式の采配までも振うことはなかった。男の情報を女方に、女の情報を男方に伝え、男女の間をとりもつだけで、それ以上のことに関係することはしなかったのである。

ところで、このナカウドたちはだいぶ口上手で、言葉たくみに売り込んだようである。

「源氏物語」東屋巻に
「ナカダチのみごとな口車にのせられて、わたしもわたしもと婿にとりたがるというのを聞いて、よそにとられるのも残念だと、そのナカダチにだまされていうのもたいそうばかばかしい」
と、浮舟の母親がナカダチの言葉を信用しない場面が書かれている。

180 多かった近親結婚

古代から貴賤尊卑の別が厳しく区別されていただけに、結婚も身分に応じて行なわれた。貴族の娘が庶民の男と結ばれることはまずなかったのである。そうした条件が必然的に同族や異母兄弟、叔父姪など近親間の結婚を余儀なくされていった。

また「いにしへは、夫妻のまじらひは女の家へをとこの通ひしことにて、今の如く夫の家へむかへとりし物にはあらず、かくてその子はおのおのその母のもとにて、生《お》長《た》もの故、ことはらは兄弟といえど、いと疎く、他姓の人と異る事なし」と石原正明の「年々随筆」にあるように、異母兄弟は他人とみなす習慣があった。そして、異母兄弟叔父姪であっても、多くの場合は一度も顔を合わせることがなく、近親の意識は育ちにくい状況にあったのである。

181 男にとって有利だった離婚の制度

離婚の制度、あるいはそれに対する考え

方は、現代とちがって非常に安易に考えられていて簡単でもあった。

大宝律令が規定するところによると、離婚の条件は七つあった。そのひとつでも該当すれば、たちどころに別れることができたのである。

一、子供が生まれないこと
二、淫乱であること
三、舅につかえないこと
四、おしゃべりなこと
五、盗癖があること
六、嫉妬が烈しいこと
七、悪疾をもっていること

そして、平安時代になると、男の愛がさめて女の許に通わなくなれば離婚が成立する。平安文学にみられる「夜離《よが》れ」「床去り」がそれである。

182　源氏物語にみる男女の別れ模様

離婚することになった場合、最終的には祖父母や父母の承諾を得なければならなかった。しかし、平安時代に入ると必ずしも同意を得なくてもよくなり、自然解消という例がみられるようになる。

「源氏物語」帚木の巻、雨夜の品定めにはさまざまな女との別れが書かれている。

嫉妬深い女＝女が左馬頭の指にかみついた。腹が立って通わなかった間に死んだ。嫉妬さえなかったら有能な女だったのに、残念である。（左馬頭の体験）

浮気な女＝ほかに男があり、それと知ったので別れた。（左馬頭の体験）

賢女ぶる女＝博士の娘で、賢女ぶっていろいろ教えてくれたが頭があがらない。たまたま女が風薬のにんにくを食って臭かったとき逃げ帰った。（藤式部丞の体験）

行方不明になった女＝親もなく自分を頼りにしていた女が、途絶えがちにしている間に行方不明になった。子供が一人いたので、今も思い出すと悲しい（頭中将の体験）。

183　一夫多妻制が女流文学作品を生む土壌となった

当時の風俗は、男子の場合には同時に二人以上の妻妾をもってもよいことになっていた。

平安時代の女流文学にはこの様子が事細かに書かれており、まず「栄花物語」には「男は妻を一人持つものではない」と道長が頼通に語る言葉があり、複数の妻を持つのは当然とされていた。道長の場口、倫子は嫡妻格、明子は妾妻格であったようなことが右大臣実資の日記「小右記」に書かれている。

とはいっても、この風俗が女性にとって好ましいわけではなく、妻妾の対立、憎悪、嫉妬などがあったことは否定できない。その葛藤が「蜻蛉日記」などの日記文学、「落窪物語」などのままこいじめの物語、

「源氏物語」など男女の愛憎の機微を描く物語を生む背景ともなったのである。

184　「よめむかえ」は平安末期から

「よめむかえ」は、文字どおり夫の家に嫁が迎えられ、その日から居つくことである。とはいっても、以前の「むことり」婚のしきたりが残り、最初は嫁の家で式を挙げるのが普通であった。その後で居住を夫の家のほうに移すのである。

この形をとるようになったのは平安末期からで、しかももっぱら武家の間で行なわれていた。したがって、平安文学に結婚のことが出てきた場合は、そのほとんどが「むことり」の形であったと考えて間違いない。

185　妊娠・出産も儀式のかたちをとっていた

妊娠とか出産に関する言葉の中には、現代でもそのまま使用されているものがある。妊娠は「ハラム」、悪阻は「ツハリ」などと呼ばれていた。「栄花物語」には、花山天皇の女御怟子の妊娠の様子を「はじめは、御つわりのために食物も召し上がらなかった」と描写されている。

後宮では、妊娠三、四カ月になると里に帰るのが普通である。そして、五カ月目に「着帯」の儀が行なわれる。この帯は親戚が調達し、僧を呼んで加持を行ない、その

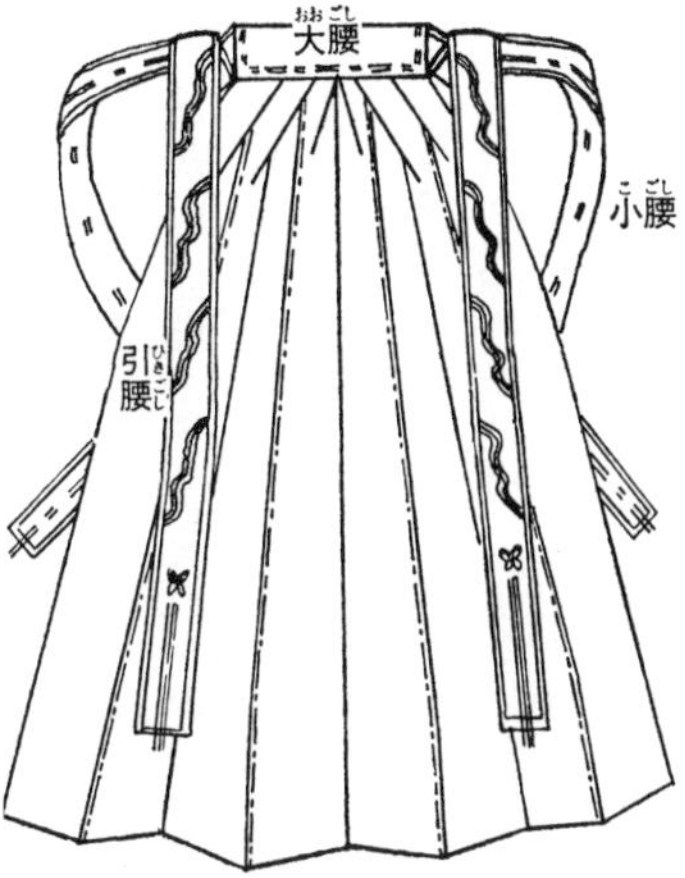

女性の正装に欠かせない裳《も》

あとで巻かれた。

妊娠するとものの けがあらわれると考えられていたので、御産までには何日もの加持祈禱が行なわれる。道長の娘、彰子の御産のときには、山という山、寺という寺の験者《げんざ》（加持祈禱をして験《しるし》をあらわす行者）をすべて集めて、さかんな加持祈禱が行なわれた。そのありさまは、「三世の仏、八百よろずの神も聞きとどけないはずはない」と思えるほど盛大なものであったと「紫式部日記」にある。

そして、いよいよ御産が重いときは、妊婦の髪の一部を切って受戒させ、無事な出産を願ったものであった。

186 命を賭けた当時の出産

「十界国」や「餓鬼草子」の図によると、妊婦は坐ったままの姿勢で出産している。また、産婦の前後に介添役がいて、前にいる介添役に産婦が抱きつく恰好になっている。この際産婆が子供を取りあげるわけだが、後世のように専門職があったわけでなく、出産の経験者であり、その道の熟練者がたずさわったのである。医術が発達していなかった時代だけに、出産は女性にとって生命を賭ける一大事であった。村上天皇の中宮安子、一条天皇の皇后定子も難産が原因で命を落としている。しかし、こういう場合当時の人々は、死因はもののけのたたりによるものと考えることが多かった。

187 誕生祝いの華やかな風習は貴族社会では絵巻をひもとくようだった

誕生の祝を「産養《うぶやしない》」といった。誕生の夜、三日目の夜、五日目の夜、七日目の夜、そして九日目の夜の順で行なわれ、そのときには親戚、知人が衣裳、調度、食物などをもって集まり、祝宴を催す。それは一般庶民でも同じように行なった。

「栄花物語」「紫式部日記」によると、道長の長女彰子が生まれたとき、三日の夜は道長、五日の夜は父の道長、七日の夜は朝廷すなわち一条天皇が、それぞれ産養の主人になって祝宴を開いたとある。その宴はあまりに盛大、豪華にすぎて、まるで絵でも見るようであったと作者は感想を述べている。

なお、命名は七日の夜に行なわれた。

188　死者は蘇生を願って二、三日そのままにしておいた

平安時代、人が死ぬと二、三日遺骸を安置しておくことになっていた。もしかすると蘇生することもあるだろうと考えたからである。

「源氏物語」葵の巻の、葵の上が死ぬ場面は次のように描かれている。

「かつてもののけが度々とりついて気絶されたのを思って、御枕なども北枕に移し変えずに、二、三日様子をみているけれど、次第に死相が出て様子が変るので『もう生き返らない』と諦めたときには、誰もかれもがひどく悲しんだ」

葵の上が死んだのは八月十四日。そして鳥部野に葬ったのは八月二十余日のことである。死骸が痛んでくるのを見ながらも、もしかしたら蘇生するかもしれないと、はかない期待をかけたからである。

死体には白い衣を着せて北を上にして寝かせ、屏風や几帳を逆さに立ててめぐらし、頭の傍に燈台を立てた。そして近親者が集まり、僧侶とともに無言念仏（声をたてないで念仏を唱える）で成仏を祈願した。

このあと、近親者と僧で沐浴をさせ、入棺となる。棺の中には、さまざまな調度も一緒におさめられた。

189 入棺後「殯」を経て、出棺は夜おこなわれた

入棺、出棺の日時および方向、さらには埋葬する場所にいたるまで陰陽師が決定する。

「翌日、陰陽師を呼んで聞くと、葬儀は七日の夜、埋葬場所は鳥辺野と決められた」と「栄花物語」に道長の葬儀決定の様子が記されている。

ところが、入棺したからといってすぐ埋葬するわけではない。「殯《もがり》」といって、室内に安隠しておかなければならないからである。この殯は、上代では一年、あるいは数カ月にもおよび、この時代は数日停めておくことになっていた。

殯を経たのち、夜出棺される。車の前には燈火を立て、喪主以下死者の親族、縁者たちが喪服を着て白杖をつき、徒歩で車に従う。そして、葬地で式を行なう習慣であった。

190 平安時代にはもう火葬がふつうだった

上代においては、埋葬の方法は土葬であった。そして、文武天皇四（七〇〇）年、道昭という僧の遺書から始まった火葬の風習が一般化し、この時代は火葬が普通であった。

しかし、当人の意志などの都合で土葬される例外もある。一条天皇の皇后定子の場合は遺言によって土葬にされたことが「栄

花物語」で明らかになっている。

火葬の場合、鳥辺野をはじめ各地に定められた火葬場に薄檜皮の小屋を建て、そこに棺を安置し、終夜にわたって焼かれるのである。捨骨は翌朝行なわれた。

191　地獄・極楽行きの岐路は四十九日で決まる

四十九日の法要は、現在でも死者に対する鎮魂の儀式として行なわれているが、平安時代にもあった。

仏教では、人の歿後四十九日の間を「中陰」または「中有」という。善悪がはっきり決まっている人は死ぬと同時に極楽、または地獄へ行くが、普通の人は善悪の軽重によって七日ごとに生まれ変る。それが七回繰り返されているうちに、すなわち四十九日のうちに行くべき場所が決まると考えられていたことかち、この日の法要が行なわれるようになったのである。

また、生まれ変る日である七日ごとに仏事を行なって冥福を祈れば、地獄へ行くべき人も極楽へ行くことができると信じられていた。そこで、七日、十四日、二十一日、二十八日、三十五日、四十二日、四十九日に法要がなされていた。なかでも、七日と三十五、四十九日は最も大切な日とされていた。

192　喪中期間は仏事に専念した清い生活

喪に服することを「喪」、「ぶく」あるいは「おもひ」といった。

死者との関係によってその期間が定められている。大宝律令によると、君、父母、夫などは十三カ月、祖父母、養父母は五カ月、外曾父、母、妻、兄弟、嫡子は三カ月、異母兄弟などは一カ月と規定されている。

天皇が崩御すると十三カ月の諒闇《りょうあん》（真に黙すという意で、万事謹慎すること）に服さなければならないが、月数を日数におきかえて十三日間に短縮され、あとは心喪に服すという方法もとられた。

喪に服する間は身を清め、仏事に専念しなければならない。酒、鳥獣、魚肉を断ち、音楽も奏でてはならない。また、室内は鈍色《にびいろ》の縁のついた簾、同様の畳、几帳を用い、調度品はすべて黒いものを用いなければならなかったのである。

「冠婚葬祭」史料の真実

●餅が幼年期の儀式にはつきものだった

人間が生まれてから死ぬまでの一生に通過する儀式、すなわち通過儀礼を大きく分けてみると、幼年期、成年期、老年期と三つに区分することができよう。そのうち、幼年期の儀式には餅が多く用いられていることに気づく。餅は神仏に供え、賀儀を祝するために用いられる、いわゆるハレの日の食品であり、幼児の発育の儀式にこれが多く用いられているということは重視せねばならない。

「紫式部日記」に「今年（寛弘七年）正月三日まで宮達の御戴餅に日々にまうのぼらせ給ふ」とある戴餅《いただきもち》とは、年の始に幼児の前途を祝福し、寿詞を唱えて幼児の頭上に餅を載かせる儀式である。誕生の翌年より五歳までおこなわれ、児の頭に餅を戴かせる場合の祝言としては、「才学は祖父の如く、文章は父の如くあれ」というのであって、平和で文明華やかな頃の平安朝の宮廷および貴族の間の微笑ましい儀式である。

堀河天皇の康和五年（一一〇三）の正月、時の摂政、藤原忠実の日記「殿暦」には、「寅の刻（今の朝の四時）四方拝が終ると、卯剋（今の朝の六時）、餅鏡をみる儀をおこなう。」とあり、忠実は直衣《なおし》を着し、冠をつけ、姫君（泰子）、若君（忠通）とともに餅鏡を見、つづいて賀の祝として幼児忠通のいただき餅の儀に入る場面が書かれている。

鏡餅とは現在の鏡餅と同じようなものであって、丸餅を二重または三重にしたもので、「源氏物語」、初音の巻には、六条院の紫上の住む室で餅鏡を眺めながら女房たちが紫上とともに、新年の祝事をしている所へ、光源氏がおとずれるという元日らしい楽しい描写が見られる。

また、「栄花物語」つぼみ花巻には、三条天皇の皇女、禎子内親王にもちひかがみを見せようと大さわぎをする。乳母が皇子を抱いて飾ってある餅鏡のところまでつれてきて、生まれた皇女の美しさと、餅鏡の美しさに女房たちが惚れぼれしているというところも興味深い。平安朝の仮名文学ではこれを「もちひかがみ」とよんでおり、これは眺めるものである。

また、「紫式部日記」には道長全盛期の戴餅の儀が書かれており、道長の娘、一条天皇の中宮彰子のもとに仕えていた式部の描写だけあって記事が生々しい。寛弘七年正月三日、前年および前々年とつづいて彰子より皇子敦成、敦良二人の親王が生まれており、その祝の儀としての正月の戴餅は、格別に盛大におこなわれたのであろう。この儀は、親王達の祖父、道長が主として準備万端をととのえている。

この日、若宮達は清涼殿に参り、道長の長男頼通が若宮達をいただき、道長は餅を一条天皇に奉る。そして天皇がその餅を若宮の頭に戴かせ、祝言を道長が奉っているという場面で、外戚として充分な権力を築き上げた道長が、その富と栄華によって、この儀をとくに華やかに行ったであろうことが考えられ、道長の日記、「御堂関日記」には、道長が餅を親王の口に含めたとあり、おそらく児の口に含めるまねをしたのであろう。

　そして戴餅の餅は、公で準備を整えたが、五十日《いか》百日《ももか》の餅は市で買いもとめ、上の十五日は東市で、下の十五日は西市と決められていたらしく、また近江国より正月の餅を献上したことも「小右記」に見られる。

　こうして、餅は幼児の祝儀に多く用いられたが、この他、十月の亥子餅なども子孫繁栄の象徴として用いられ、正月の祝儀、幼児の成長過程の祝には常に用いられるのが平安蒔代からの慣習であったことを、ここでふたたび見直すのも意義深いことと思う。

第六章

「風俗文化」

ものしり39の史料

193 唐風文化から和風文化への移行

平安時代は、それまで宮廷のすべてが唐風の装いであったことからようやく脱皮し始め、日本風な独自の文化が抬頭しようとしていた頃である。

たとえば、儀式にしても唐の模倣そのままではなかったし、服装も袖を大きくして和風の色を濃くしていたし、文字もかな文字が自然発生的に生まれていたのである。

こうした変化は、日本人独自の美意識、思考が育っていたことの証しである。そしてこうした意識のたかまりが、次第に日本人ならではの風俗文化を醸成させていくのである。

194 「もののあはれ」を理解するのが貴族の条件

平安時代の美意識を象徴する言葉に「もののあはれ（しみじみした情感）」がある。この言葉のもつ世界を理解するかしないかが、教養人であるかないかの尺度になったほどであった。しかし、平安貴族たちは大方微細な心の動きを捉えることに鋭敏であり、そういう意味からは非常に感性的であった。それだけに趣味的でもあったといえよう。しぜん、事柄を情緒的にとらえる傾向が強くなる。

当時「大学」という学問の府はあった。しかし、教養のほとんどは各々の家でつちかわれたといっても過言ではない。そして、儀式に臨んで失態を演ずることがなく精通し、手紙を書くにつけても度はずれたことを綴ることはなかった。それは、貴族人の条件であり、貴族社会において最も肝要なことであったからである。

195　日本独自の文化への自覚が示したもの

唐離れが漸次行なわれてゆくにつれて、次第にかな文が注目をあつめるようになっていったのは自然なことであろう。その顕著な例は「源氏物語」、「栄花物語」、「大鏡」などが書かれたことである。

このように、私撰《しせん》の史書、あるいは物語が生まれていったということは、この時代が政治の面でも文化の面でも国家権力が後退し、私的・個人的な面が露わになってきたということをも示している。

その傾向は国際関係をみても明らかであり、あれほど熱心だった遣唐使も停止されているのである。もはや、外国の情勢に揺るがなくなったほど、日本独自の政治・文化が確立していたわけである。

196　かな文字は漢字を基にして自然発生的に生まれた

平安時代も初期は漢文字がまだ全盛をきわめていた。しかし、一方では新しい文字である「かな」が育っていったのである。

「かな」の発明は、日本文化をより発展させた最も重要で、かつ革命的なことであった。自分の言葉を、日本語のままに表現できるようになったのであるから、まさに画期的な出来事だったわけである。

「かな」は漢字をくずした草書体をさらに簡略化したもので、「かんな」ともいい、おもに女性が使用したので「おんなで（女手）」とも呼ばれる。

一方、漢字本来の意味を去り、音だけを取った万葉仮名の偏や作りなどの一部を取った「カタカナ（カタは片、漢字の一部分をとった不完全な文字の意）」も典籍を読み下す僧たちの間で行なわれていた。

かな文字は空海が発明したという説もあるがそれは間違いで、自然発生的に出来ていったものである。そして、ほぼ基本的な形が整ったのが九世紀の頃であった。

197　一つの音にも様々な文字が当てられた

自然発生的に生まれてきた「かな」だけに平安時代にはさまざまな異体字が使われていた。

現在では「あ」と書くひらがなの「a」の音も、安、阿、愛、亜、悪の文字の簡略化されたものが使われていた。「あ」は「安」からとられている。同様に「い」は以、伊、移、異、意であり、現在の「い」は「以」からきている。

198　かな文字によって甦生した平安文字

かな文字がいかに便利であり、それゆえ

に人口に膾炙《かいしゃ》されたかは、「土佐日記」を紀貫之に書かせたことでも想像することができる。

「男が書く日記というものを、女も書いてみようとして綴る」の書き出しで始まるこの日記は、女の姿を借りて書かれたものである。男の日記は当時漢文で綴られた。しかし、貫之があえて女文字で書いたのは、それだけかな文字に興味があったことと、自国語そのままを自由な表現で書きたい欲望があったからである。

このかな文字の出現で最初に編まれた物語は「竹取物語」である。そして、万葉集のあと一時鳴りをひそめていた和歌も、九世紀後半から甦生し、やがて宮中歌合せが行なわれるようになり、その中心人物である「六歌仙」僧正遍昭《そうじょうへんじょう》、在原業平《ありわらのなりひら》、文屋康秀《ぶんやのやすひで》、小野小町《おののこまち》、大伴黒主《おおとものくろぬし》などが輩出し、絢爛たる平安文芸が生まれるのである。

「昔、男ありけり」で始まる風流男のエピソードを綴った「伊勢物語」は、美男業平を主人公にしたもので、業平の子孫によって創られたものともいわれている。藤原氏の圧倒をうけ、「身をえうなきもの」とし、はるばる関東への旅の日々を書きつづった東下りは、事実であるか否かはともかく、当時の社会の実態をよく物語っていると同時に、みやびな歌物語として、また、藤原氏の権勢発展のための人物、高子（基経妹）の実態もその中にある程度書かれており、大いに意味深い。

199　かな文字が記録した民衆の俗歌

かな文字の普及は、貴族文化を豊かにしただけではなく、民衆とも結びついて一般文化の層を厚くし、拡大する結果となった。たとえば、民衆の歌を口誦そのままに記録できたことなどは、かな文字の出現なくては不可能なことである。

そのひとつに次のような意味の卑俗な歌が残っている。

「私の家は帷帳《とばり》の家、あなたおいでよ聟にしよう、肴《さかな》は何にしよう、あわびかさざえか石陰子《かせ》がよい、あわびかさざえか石陰子がよい（催馬楽《さいばら》）」（石陰子はウニのこと）

こうした歌の記録ができたばかりか、ひらかなの落書きが民衆の手で記されるようにもなった。醍醐寺の五重塔の天井裏には、建立にたずさわった人々の落書きが残されている、という。

200　物語文学の成熟が思想の醸成につながる

和歌を蘇生させ、民衆歌を記録させ、言葉をより自分のものにさせ、言語文化を豊かにさせたかな文字は、やがて和歌を織りまぜながら物語を作ってゆく。「大和物語」のような歌物語を生み、さらに純然たる物語まで発展させていった。

なかでも、全二十巻の大作「宇津保《うつぼ》物語」、

庶民女子の髪形・巻髪《まきがみ》

まま子いじめを題材にした「落窪《おちくぼ》物語」などが代表的なものである。

そして、五十四帖に綴られた紫式部の「源氏物語」が出現する。これは、平安文学の最高傑作であるばかりか、かな文学のきわみであり、さらには日本文学の歴史的金字塔でもある。このように、自国語で物語を書きしるしていくとき、それは現実生活をとらえなおすことにもつながり、やがて人の生き方を考える思想までも育てていったのであった。

201　かな文字の美しさが墨筆の芸術性をたかめた

かなは物語を発展させ、傑作を生ませた

ばかりではなく、墨筆による芸術分野をも広げていった。かな書きの美しさが能筆家の手によって発見されたのである。

それ以前にも、漢字による美術的な文字を書く能筆家がいないわけではない。弘法大師（空海）などはその一人である。しかし、かなにまた独自の美を見出す人々が現われ、墨筆はかな書きが主流となってゆく。その代表的な人物は、小野道風、藤原佐理《すけまさ》、藤原公任《きんとう》、藤原行成《ゆきなり》らである。なかでも、行成によってかな文字の美術的水準は最高を極めたといわれる。

この発展を助けたのが、和歌である。三十一文字の限られた字を薄紅や薄緑の料紙の上に書くことで絵画的な美しさを発揮した。つづけて描く曲線、線の太さ細さの変化、また余白の扱い方も含めて幽玄な日本独自の美が生まれたのであった。

202 かな文字と絵画との調和が絵巻物のドラマを生む

色紙（当時歌を色付きの紙に書いたので現在に色紙という名を残す）に書くことで美術的領域を広げていった墨筆は、加えて独立した絵画の中にも浸透していった。屏風に歌を書き、さらに絵を浮き立たせるというように、墨筆の美しさは絵画とも調和するものだったのである。

それは、絵の描き方に変化が現れていたからであった。「大和絵《やまとえ》」の手法が確立していたのである。すなわち、それまでは唐風な描写であったものが、絵においても唐離れの現象が起こり、動きのある描写や時間的な変化あるいは情緒的な描写が行なわれ、それ自体ひとつの水準に達していた。その屏風絵に歌を書き加えることで空間を越えたドラマが成立するのである。

この流れは絵巻物へとつながってゆく。「源氏物語絵巻」などは大和絵の典型的なものである。

203　貴族の集団だけが社会を代表する

この時代の社会は、貴族を中心とするというよりは、それ以外の社会層は度外視されていたと極論できるほど、天皇と貴族が社会そのものであった。

貴族がこのように成長したのは、大化の改新のあとからで、律令制が敷かれた後からである。それ以前は僧侶の権力が強くて、公卿の集りである公家の威勢は社会を代表するものではなかった。ところが藤原道長という強力な貴族のリーダーが出現し、政治をつかさどることで決定的な貴族文化を形づくっていったのであった。政治的には摂関、文化的には唐風文化から和風文化、風俗的にもわが国独自の様式の美しさを顕著なものにさせたのである。

しかし、貴族の中心は宮廷にあったわけで天皇と密接な関係にあり、豪華絢爛たる貴族文化の形象は天皇と貴族集団の両輪によって開花、充溢することができたのであった。

204　食事は簡素、衣服は贅沢

食事は二度、しかもその内容はきわめてお粗末であったが、服飾に関しては衣料からデザインにいたるまで、日常生活の品物のなかで群を抜いていた。貴族はほとんどが絹で作られたものをまとっていたのである。

ただ、現代人からみれば美飾にかった非活動的な装束であった。ことにそれは女性の衣装にいちじるしいが、男性の場合でも似たようなもので、礼装ともなると長い裾をひきずらねばならなかった。しかも手には笏か檜扇を持ち、女性の場合は大かざしという大型の檜扇を持って顔をかくしているのが常であった。

205　一日の生活を詳しく書いた藤原師輔

「九条殿遺誡」（藤原師輔著）による一日の生活は、およそ次のような順序だった。

朝の起床に際して、まず自分の星の名を七回、低い声で唱える。星とは自分の運命を決める星のことである。次に楊枝《ようじ》で歯を磨き、顔、手を洗ってから西に向かい、仏名を唱えて信仰する社の神を拝する。それから昨日の出来事を日記にしるし、カユを食べる。

そのあとで身仕度をきちんとし、髪に櫛

をいれる。女は一日一度、男は三日に一度やればよかった。そして爪切り。丑の日には手の爪、寅の日には足の爪ときめられていた。入浴は五日に一度となっていたが、月の一日に入浴すると短命、八日は長命、十八日に入ると盗賊にあい、午《うま》の日に入ると愛敬《あいきょう》を失い、亥の日だと恥をかくとされていた。

ここで注意深く衣冠をつけ、宮中に出仕。装束には乱れがあってはならず、人と会っても寡黙をよしとし、樽話などはもってのほかで、口は災いのもとと師輔はさとす。

生活はだいたいこのようなものであったが、入浴、爪切りなどのように迷信に支配されていることが多い。このような生活を余儀なくさせたのは、陰陽道《おんみょうどう》によるところが多かったのである。

206 「陰陽道」とは何か

貴族の生活、さらには思想の世界まで支配した「陰陽道」とは、どんな思想だったのであろうか。

この思想は中国で発達した。陰と陽、五行（木、火、土、金、水）の作用をもって日月や干支《えと》の巡りを考え、それによって人事の推移を察し、卜筮《ぼくぜん》（うらない）、祈禱《きとう》をし、福を招いて災いが起こらないようにし、さらに吉凶判断までしようとするものである。

それだけに「物忌《ものいみ》」という凶のときには、

生活が停止してしまうほどであった。外来者との面会を避けなければならなかったり、急ぎの手紙でも読むことができず、話すには小声、ただひっそりと家の中に蟄居していなければならなかった。それが、二十日間、ひどいときには七十日間もそのような生活を強いられることもあったという。方《かた》違《たがえ》（外出のとき天一神のいる方角に当る場合は、前夜吉方に一泊して方向をかえて行く）はその一例であり、平安時代に流行した。

207　陰陽道にしばられてトイレにも行けなかった女房

人々の生活を大きく左右していた陰陽道にまつわる、こんな物語が残っている。

ある女房が憎からぬ仲の若い僧に、かな暦を作ってくれと紙をわたした。初めのうちは真面目に書いていた僧も、途中からいたずら心がおきて、「物くわぬ日」「よくくう日」といったでたらめを書き始めたのである。

ところで、出来た暦を受け取った女房は、これまでのものと少し違うと訝りながらも忠実に守っていたが、ある日になって「はこ（おまる）すべからず」というのに出会った。それが二日、三日と続くのである。女房はたまらず、腹をおさえて「物を覚えず」苦しんだという。

208 陰陽道にふりまわされ、仏事に多忙をきわめた貴族の生活

当時の貴族たちは、陰陽道にふりまわされ仏事のために走り回るという忙しい日々を送らなければならなかった。

陰陽道にしたがって二十日間も家の中に閉じ籠っていたかと思えば、宮廷でも自宅でも仏事に追われる日が多く、てんてこ舞いしなければならなかったのである。宮廷行事だけでも大きな法会《ほうえ》が年間十以上あり、公卿たちは手わけしてその世話役に当たらなければならなかった。それに加えて私的な法会もある。

道長が父兼家のために毎月行なった法華三十講などは十日間におよぶ大がかりなものであり、そのための寺参りにも出かけなければならなかった。

法会ともなれば自宅に僧を招いて読経してもらう。そして月に六日の精進も大切な習慣だったのである。

209 貴族には庶民の言葉がわからなかった

貴族と庶民のつながりは、まるでなかったといっても、必ずしも大袈裟な言い方ではない。清少納言が、田植をしている農民を見て何をしているのだろうと訝ったほど、庶民の生活にはうとかった。

このように、交流がなかったので言葉もよく通じなかったらしい。「源氏物語」の明石の巻に「見苦しい漁師たちが、高貴な

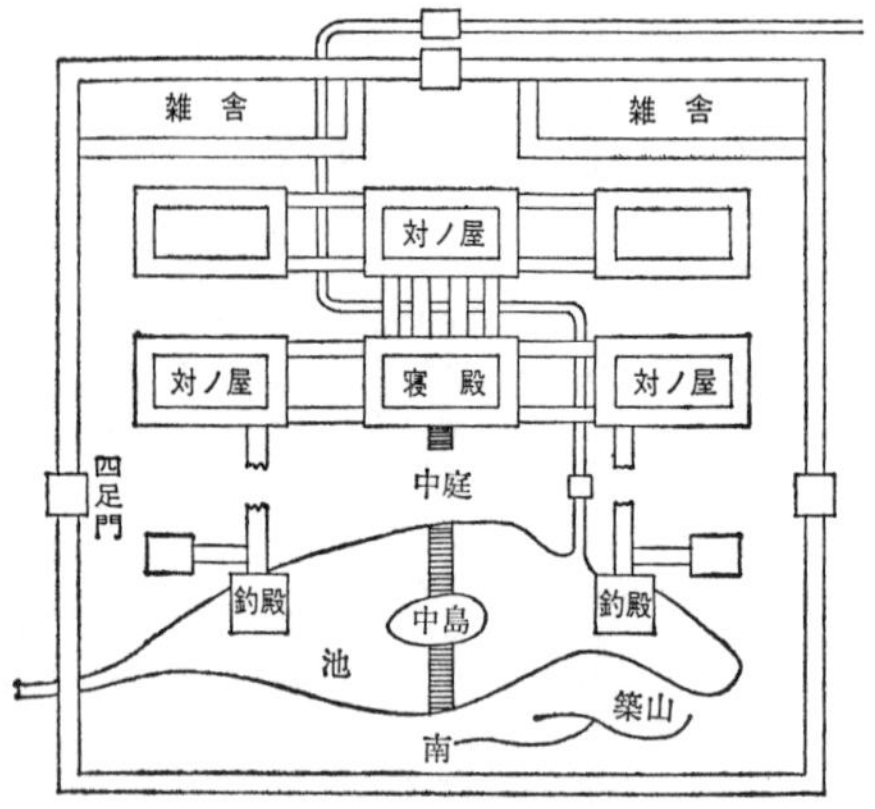

寝殿造（平面図）

方がいらっしゃる所だといって集まってきたが、聞いたことのないような事をさえずり合っている……」という意味の部分がある。それほど民衆の言葉は別の世界のものであり、紫式部にとって「海人《あま》のさえずり」としか聞こえなかったのである。

210 寝殿造りの構造はどうなっていたか

平安時代の貴族の住宅は、「寝殿造り」という建築様式によって造られていた。この造りは、寝殿（主人の居間、客間として使われた正殿）を中心にして、対屋《たいのや》、泉殿、釣殿、雑舎《ぞうしゃ》、車宿《くるまやど》、総門、中門、築山、池、遣水《やりみず》などによって構成されている。建て物は廊によってつながっていた。

とはいっても、平安蒔代の建築物がそのまま現在まで残っているものがなく、復原図によってその様式を想像するのみである。

211　寝殿造りは和風文化の粋

寝殿は寝という字がつくからといって寝所ではない。正殿という意味である。

この建物は、どちらかといえば風吹き抜ける構造で、夏向きの住居であったといえる。それだけに冬は厳しく、暖房は火桶《ひおけ》(木製の丸火鉢)程度しかなく、衣服も厚い綿入れを着用するわけでもなかったので、歯の根が合わないくらいに寒かったらしい。そんな様子が、断片的ではあるが、物語や日記から窺うことができる。

ただ、建築様式としては非常に風情があるものであった。屋敷内には池があり、池に臨んで建てられた釣殿《つりどの》があって夏は納涼の効果満点である。秋には池に月が浮かび、築山の紅葉は目をうばうばかりであったろう。このように、いかにも和風文化の粋が寝殿造りには結集されていたのであった。

212　風吹きさらす寝殿の家の中

寝殿の屋根は四阿《あずまや》造りで、檜皮葺《ひわだぶ》き(檜の皮)だった。たいていは七間四面になっていた。「源氏物語」の紅梅の巻に「七間の寝殿をひろく大きく造って」とあるのはその例である。

中央に母屋《もや》(中央の間)があり、その外

側に廂《ひさし》（広い廊下のような間）をめぐらし、さらにその外側に簀子《すのこ》（竹を並べて編んだぬれ縁）が設《しつら》えてあった。

殿内の床はすべて板敷きで、柱は円柱になっていた。母屋と廂の間は円柱の列によって区別され、柱と柱の間には長押《なげし》（柱と柱の間に渡してある横木）があり、この長押から壁代《かべしろ》（仕切りのための幕）をたらすのである。簀子は廂より一段低くなっていて、格子をはめて外部と遮断した。

213 移動カーテンで部屋を自由に区分け出来た

母屋であれ廂であれ、小部屋を設けるのは簡単であった。御簾《みす》、壁代《かべしろ》、屏風、几《き》帳《ちょう》、障子（ふすまのこと。現在の障子はあかり障子という）などで仕切れば、それが部屋となったからである。それを現代ふうに考えれば、講堂のような広い場所の一角を、アコーデオンカーテンで仕切るようなものである。

こうした方法を「しつらい」といった。その様子を「枕草子」では次のように描いている。

「松の木だち高き所の、東南の格子（中央から上下に開く戸。普通上だけを上げる）あげわたしたれば、涼しげに築きて見ゆる母屋に、四尺の几帳立てて、その前に円座（藁、蒲、菅などで円く平たく組んだ敷き物）おきて……」

214　庭園は王朝人の美的意識の空間としてつくられた

日本人は自然と調和することを心根とするといわれているが、寝殿造りの庭園にはその縮図が見られた。建築と庭園、それは住居の中でも自然と心を通わせていたいという人々の自然への憧憬と調和、さらには美意識の表われである。屋敷は、自然の景勝地を利用して建てられた。加えて、庭園技術の発達は、木と土と石を利用して技巧的に自然の再現を試みたのである。寝殿造りが箱庭的様相を見せているのはこうした理由からであり、庭造りの素材として石は不可分の関係にあったといわれる。道長などは名石を集めるために、都の内外の遺蹟から石を運ばせたという。

215　腹がへっても一日二食がきまりだった

平安時代には食物を「クヒモノ」「タベモノ」「ヲシモノ」「ケ」などといった。

また、食事は一日二回であった。「日本書記」によると、雄略天皇の章に「朝夕御膳」とある。天皇も正式に食べる回数は朝夕二回だったのである。

食事の時間は「禁秘抄」や「寛平御遺誡」によれば、朝は巳の刻（午前十時）、夕は申の刻（午後四時）となっている。

食事の内容は、主に穀類、野菜、鳥肉、獣肉、魚肉などであったらしい。具体的には、米、麦、稗《ひえ》、粟《あわ》、小豆、韮《にら》、竹の子、桃、海草、鯛、年魚《あゆ》、螺《しじみ》、鮑《あわび》、なまこ、蟹、鮪《まぐろ》、蠣《かき》、雁、鶉《うずら》などである。

216 御飯には二種類のたき方があった

主食の飯を、この時代は「イヒ」「モノ」「オモノ」「供御」「御台」などといった。また飯をたくことを「カシグ」といった。

飯には二種のたき方があって、コシキで蒸したものを「強飯《こわいい》」といい、柔らかくたいたものを「姫飯《ひめいい》」といった。強飯は普通白いこわめしで「こわいい」という語は「源氏物語」などによく出てくる。姫飯は「和名抄」では「比米《ひめ》」とも書かれている。水を多くして米を煮たものであり、現在の飯の固さに近い。強飯は椀のほかに笥、土器などに盛られたが、姫飯の場合は磁器の椀であった。

旅に持つ携帯食品には「乾飯《かれいい》（ほしいいともいう）」を利用した。

217 漬物はこの時代から

食事のレパートリーも、時代がくだるにつれて増えてゆく。

なかでも蔬菜類の漬物が、この時代になって急に盛んになる。保存することを知り、味の多様さを考えるようになったわけである。そして、さらには「あへもの」も食膳に出るようになる。料理法は味噌、醤油、塩、酢、米糟などであえたようである。

この時代には砂糖はまだないので、甘味

料としては甘葛の汁や柿を乾して粉にして使った。

218　結婚三日目の夜には餅を食べた

餅は「和名抄」によると「モチヒ」というとある。糯米《もちごめ》や麦粉などを合わせて作ったもので現在の餅とは違う。

餅は日常の食べ物であるよりは、神仏に供え、祝賀のためのものであり、年中行事には欠かせないものであった。正月の餅鏡(モチカガミ、モチヒカガミ)、雑煮餅、三月三日の草餅、五月五日の粽《ちまき》、十月亥の日の亥の子餅などはその例である。

また結婚後三日目の夜には必ず「三日《みか》の夜《よ》の餅《もちひ》」を食べる習慣であった。

餅は大方まるいものであったが、現在ののしもち状のものもあったらしく、「枕草子」に「ひろきもちひ」とある。

219　酒は当時の生活に欠くことの出来ないものだった

酒ははるか昔からあり、中国や朝鮮と往来するようになって醸造技術が大きく進歩した。そして、宮中に「造酒司《みきのつかさ》」や「酒《さか》部《べ》司」が置かれるようになり、生活に欠かせないものとなってゆく。

酒は「和名抄」によると「サケ」といい、「サカ」ともいった。「栄水《さかえみず》」がつまってそう呼ばれるようになったのだろうと考えられてもいる。また、酒を「キ」とも呼んだ。白酒を「シロキ」といい、敬語をつけると「御酒《みき》」あるいは「大御酒《おおみき》」となる。敬語をつける場合は、神前または天皇に奉る酒のことをさす。

酒は市でも売られ、庶民の喉をうるおしていたが、悪徳商人は水を割って売っていたという。

「風俗文化」史料の真実

●小さきものは皆うつくし

「枕草子」一五一段に

「うつくしきもの、瓜にかきたるちごの顔。雀の子の、ねず鳴きするにをどりくる。二つ三つばかりなるちごの、いそぎてはひくる道に、いとちひさき塵のありけりを目ざとに見つけて、いとをかしげなるおよびにとらへて、大人などに見せたる、いとうつくし。かしらはあまそぎなるちごの、目にかみのおほへるをかきはやらで、うちかたぶきて物など見たるもうつくし。」とあるように、清少納言の美の対象は、まず、可憐な小さいものであった。

瓜に書いた幼児の顔。雀の子の鳴きながら躍るようにしてやってくる姿。二歳か三歳の児の這いながら塵を目ざとく見つけて、大そう可愛らしい指でつまんで、大人に見せる様子はいと美しと表現する。尼そぎに髪を切った幼児が、目に髪の毛のかぶさったのを払いのけないで、髪をかたむけて物など見るのは甚だ愛らしい、という。

また、可愛らしい幼児が、ちょっと抱いて遊ばしたり、あやしたりするうちに、とりついて寝たのは、大層いじらしいと、まことに清女独特のこまやかな観察といえよう。

「雛の調度、蓮の浮葉のいとちひさきを、池よりとりあげたる。葵のいとちひさき。」

そして、「なにもなにも小さきものはみなうつくし」という清女の美に対するこまやかなる感覚に今更ながら驚かされるところであるが、当時の女性の美に対する感覚は、やはり、小さいものにあった。

中宮に宮仕えしつつその身のまわりの世話をしながら、後宮という世界に住み、するどい意識と感覚を持ち合せながら、その部分は表面に出さず、繊細な可憐な部分を表現する。これこそ宮仕えする平安時代女房たちの心ばえであったといえよう。

220　ひな祭りの調度のように贅を極めた日常の調度品

貴族生活における調度品は、すべて贅を極めたものであり、精を込めて作られたものであった。日常坐臥の用具から収納棚にいたるまで、ひとつひとつが色彩的であり、芸術的なまでに高められている。

たとえば、厨子《ずし》は次のように作られている。厨子は食物を納めておく棚であるが、菓子類などもしまうことから、形を美しく作ることが要請されていた。その造りは梨子地金蒔絵螺鈿《らでん》入りで桐模様、金具は金銅で棚板の面には青地錦の打敷があり、四方に組緒を差してあまりを総角《あげまき》（左右に輪を作り、中を結んでたらす紐の結び方）にして四隅に垂らすというものである。

221　華麗な調度品に囲まれて過す貴族の生活

この時代の絵巻物をみると、色彩豊かな調度品に囲まれた優雅な生活をしのぶことができる。室内の仕切りにしても、屏風、御簾《みす》、壁代《かべしろ》、几帳《きちよう》、障子、幔《まん》、幕《まく》などさまざまなタイプのものがあり、それぞれが趣好を凝らしたものであった。

御簾は普通、青地の絹に黒い紋様を染め、四方に縁《へり》をつけた。そして簾を巻き上げて掛け止めておく鈎《こ》があり、この金具には丸い緒の総《ふさ》がついているのが普通である。

壁代は長押《なげし》から垂らす帳で、壁がわりに

用いられるものである。表には花鳥の絵が描かれている。この壁代は簾の裏に垂らされているために、簾を巻き上げるときは一緒にまるめて鈎にかけられた。

そのほか、必ず備えられたのが几帳である。木で作った枠《わく》に布を垂らしたついたてのようなもので、廂の間や簾の裏、座の近くなどに立てられる。

これらは風を遮るためと、人目を避けるために、貴族生活にとって重要な調度品であった。

222

当時流行の遊び「物合《ものあわ》せ」

この時代の遊びで特に盛んに行なわれたものは「物合せ」である。多くの者が左、右に分かれ、与えられたテーマの優劣を競う遊びである。

その種類には次のようなものがある。

一、器物の物合せ――扇合せ、小筥《こばこ》合せ、貝合せ、草紙合せ、絵合せ

二、植物の物合せ――前栽合せ、花合せ、草合せ、紅梅合せ、菖蒲合せ、女郎花合せ、菊合せ、紅葉合せ

三、動物の物合せ――小鳥合せ、蟲合せ、鵯《ひよどり》合せ、鳩合せ、犬合せ、競馬、闘鶏

四、才能・技術の物合せ――小弓合せ、歌合せ、詩合せ、琵琶合せ、拍子合せ、今様合せ、香合せ、力競

物合せは大方この四種である。一、二の場合は物の美しさ、趣向を賞《め》で、それにち

なんだ歌を添えて出し合い、審判してもらって優劣を競うのである。

ただ、三の場合は主に鳴声、力を競う、現代ふうにいえばスポーツショーの範疇に入る。四の場合は人の才能や技術をくらべる遊びで、平安文芸を形象した分野であった。

223　既に国民的な遊びだった「雙六《すごろく》」

雙六遊びは古い時代から行なわれていた。インドが発生地で、ヨーロッパからアジアを経て日本に入ったと考えられている。日本に入ってきたのはいつの時代か明らかではないが、持統天皇（六八六～九七）の時代には禁じられたと「日本書紀」にあるところから、それ以前にすでにかなり盛んに行なわれていたと推測される。

日本の雙六は「古制すごろく」と「絵すごろく」の二つに分けられる。「古制すごろく」は奈良時代に遊びとして定着していて、「万葉集」に「雙六の賽」とあり、「源氏物語」や「枕草子」にも雙六遊びが登場する。この時代の数少ない勝負事であり、おとなの遊びであった。

方法は、二人が対座して黒白の石十五個ずつを盤の上に並べ、竹筒の中に入れた二つの賽の目の数で相手陣地に侵入するのである。

一方の「絵すごろく」は時代が下って江戸時代に始まり、現在のすごろくに似てい

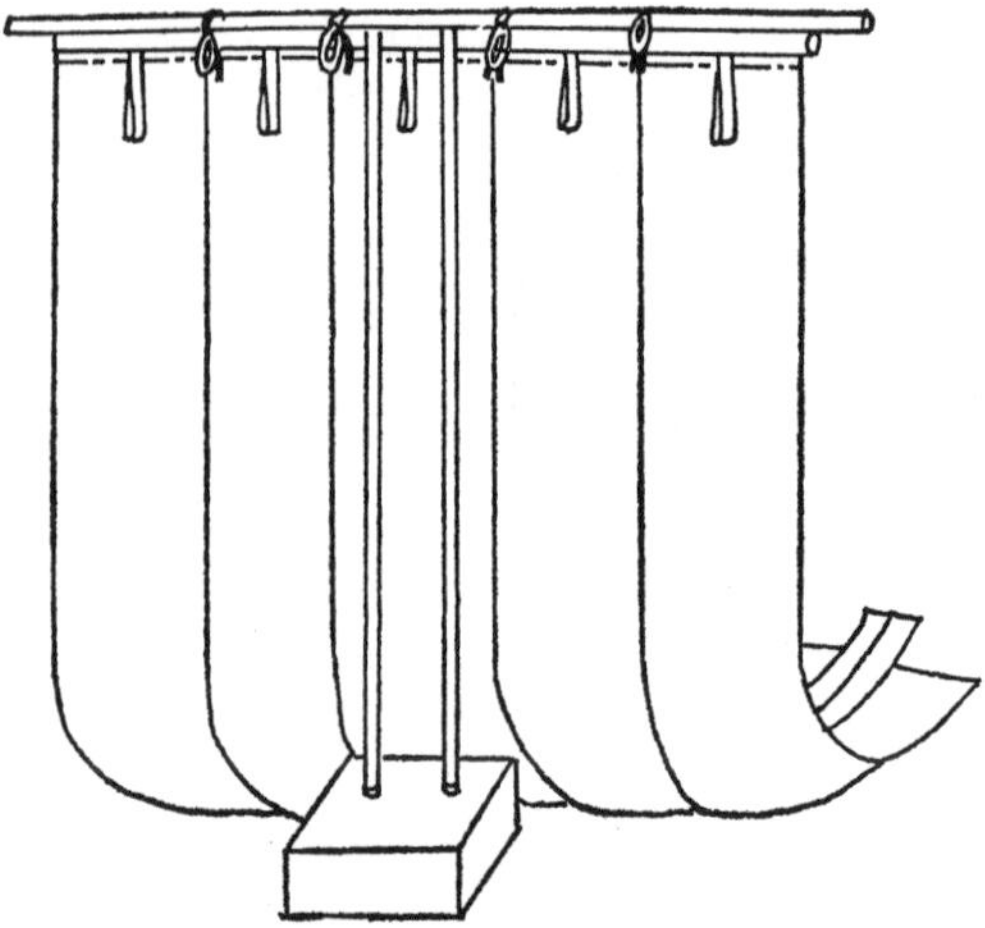

代表的な室内調度品の几帳《きちよう》

る。「名目《みようもく》雙六（天台の名目を折り込んだもの）」「道中雙六」など、さまざまな絵模様の雙六が出て、庶民の遊びとして盛んに行なわれた。

224　紫煙芳香ただよう中での合香

「合香《ごうこう》」とは、香の匂いについての物合せの呼称である。香はこの時代の貴族社会にとってなくてはならない必需品であり、貴重品でもあった。宮廷のそこここから、その人独自の薫物《たき》の香がただよい、それによってその人のセンスが云々されたらしいことは、「源氏物語」「栄花物語」「古今集」など平安文学に綴られている。

この香は当時の日本にはなく、唐、百済

あたりからの輸入品を用いていた。聖武天皇（七二四〜四九）の頃から盛んになり、朝廷の大礼に用いられたものが、やがて貴族がそれぞれ使用するようになっていった。

平安朝期には主に「練香（合せ焚き）」を室内や髪、衣服に薫らせて賞玩し、その香を競ったという。

225 勝負のない遊び「蹴まり」

平安も後期になってから「蹴鞠《しゅうきく》」が盛んに行なわれるようになった。現在にも伝わっている鞠《まり》を足で蹴って空中に飛ばす遊びである。

「日本書紀」に法興寺で行なわれたのが最初とあるが、槌形の杖で毬を打つ打毬のことである。

この遊びは、四方に松、柳、桜、鶏冠《かえで》、または梅などを植えた庭で行なわれるのがならいで、この遊技場を「懸《かかり》」といい、植木のことを「本木」と呼んだ。少し後世になると、本木を懸といい、遊技場を「壺」と呼ぶようになる。

鞠は鹿皮で作られている。遊びの方法は、数人が輪になって鞠を蹴るだけという単純なもの。地に落ちるまでの時間を長びかせるところに面白味があり、勝敗を競う遊びではない。

226 歴代天皇が好んだ勇壮な「鷹狩」

どちらかといえば典雅にすぎる遊びが多

かったなかで、野性的で男性的な遊びが「鷹狩」である。この遊びはウラルアルタイ民族の間でおこったといわれているが、日本には仁徳天皇（四二〇年代）の頃に百済から伝わったという。

飼い馴らした鷹を野に放って、鳥や小動物を捕えさせる遊びである。これは平安朝の代表的な風習であり遊びであった。歴代天皇も特に好み、「野の行幸《ぎょうこう》」というと鷹狩りを指すほどである。

この鷹狩には二つの方法がある。一つは大鷹狩というもので、鶴、雁、鴨、雉、あるいは兎など大きな鳥獣を捕え、もうひとつは小鷹狩りといわれ、鶉、雲雀など小鳥を捕える。大鷹狩は冬期に、小鷹狩は秋期に行なわれ、必ず犬がつれられていた。犬は鳥や獣を茂みから追いたてる役目である。鷹狩のために、鷹飼と犬飼の専門職を置いたものである。

227 平安時代の代表的乗り物は

平安時代の代表的な乗り物は「輿《こし》」と「車」である。「輿」は人力で運び、「車」は牛が引くのが普通である。

「日本書紀」に「垂仁天皇の妃の一人である竹野媛が、容姿が醜く帰された。それを恥じた媛は、帰る道々輿から落ちて自殺した」とある。これが輿が文献に出る最初である。

輿は天皇だけが乗る乗り物であったが、

時には皇后、斎王にかぎって乗ることを許された。しかし、平安時代末には上皇、公卿も乗れるようになった。

天皇の乗る輿には三種類あり、「鳳輦《ほうれん》(屋根の上に金の鳳を飾ったもの)」「葱花《そうか》輦《れん》(ヒトモジグサの花の形を屋根に飾ったもの)」「腰輿《たこし》」の順に重んじられた。輦は肩でかつぎ、輿は腰で支えて運ぶ。

228　平安の世にもカー・マニアは多かった

天智天皇（六六一～七一）以前までは車に関する規定は存在していなかったが、孝徳、天智天皇の御代になって唐風のしきたりをまね、車は貴族の乗り物であるとされた。

しかし、平安時代には一時期、貴賤の別なく誰でも乗れるようになった。そのため、車の華美を競うようになり、嵯峨天皇の時代の弘仁六（八一五）年になって厳しく規定する必要ができたのである。内親王、女御、四位以上の内命婦、四位参議以上の嫡妻と子供、大臣の孫を除いては金銀の飾りのある車を禁じている。

さらに、宇多天皇は寛平六（八九四）年いっさいの車を禁じ、その後男にだけ許したこともある。一条天皇も六位以下の乗車を禁じたものの、禁をおかす者が多かったという。それほど車に対する人々の関心は強く、たびたびの禁令にもかかわらず贅をきわめたのである。

このような車への執着も、平安期を過ぎると無関心になり、次第に使用されなくなってゆく。

229 宮廷貴族のビジネスウエア

唐風文化にさらされていた奈良時代は、官吏の礼装も唐風であったが、平安時代に入り、「束帯《そくたい》」という国風衣装に変ってきた。

束帯は石帯（革製の帯）を締めたのでその名がある。束帯姿には、表衣の種類から二種類あった。一つは「縫腋袍《ほうえきのほう》（腋が縫ってあり裾に襴という裂《きれ》をつけたもの）」であり、主として文官が用いる。もう一つは「闕腋袍《けってきのほう》（腋を縫わず襴がない）」であり、主として四位以下の武官が着用した。「衣冠《いかん》」は略式の礼服であり、公式の行事以外のビジネスウエアである。束帯とちがって石帯を用いず、衣についているひもで腰を締めたものである。袴は指貫《さしぬき》という裾をくるものを着用した。

貴族の平服には「直衣《なおし》」がある。着物の形は束帯と同じであるが、冬は白、夏は二《ふた》藍《あい》（紅と藍を合わせた色）か縹《はなだ》（青色）と色が定められていた。

230 史上最も華麗な装束だった十二単

男子の装束が、奈良時代の朝服が変化したものであるように、女子の装束もまた奈良朝の女官のものを変化させたものであった。しかし、女子の衣装の場合、男子のものよりもはるかに日本的な感覚で色どられていた。

その大きな変化は、袖が大きくなったことと、重ね着をするようになったことである。

女子装束の種類は次のようなものがある。

裳《も》唐衣《からきぬ》——礼装。表着の上に唐衣（胴衣）を着、腰から後に長くひく裳をつける。

小袿《こうちぎ》——略式礼装。唐衣と裳をとった姿で一番上には表着よりひとまわり小さい小袿を着る。

桂袴——常服。表着の上にはなにも着ず、袴を着用する。

裳唐衣とは、後世になって十二単（二十一重）といわれるようになった服装である。十二単は十二枚重ねてあるわけではなく、〝数多く重ねた〟という程度の意である。

231　普段着の「狩衣《かりぎぬ》」は後に武士の礼装となった

服装を大別すると二つに分けることができる。一つは宮廷からの流れである「朝服」ともう一つは「狩衣」、すなわち狩をするときに着た遊技からの流れをくむものである。そして狩衣が貴族の普段着となっていた。これが鎌倉時代になると、武家の礼装に用いられるようになってゆく。

この衣装は、くつろいだふうがあったことから流行したものであろう。袖を大きく

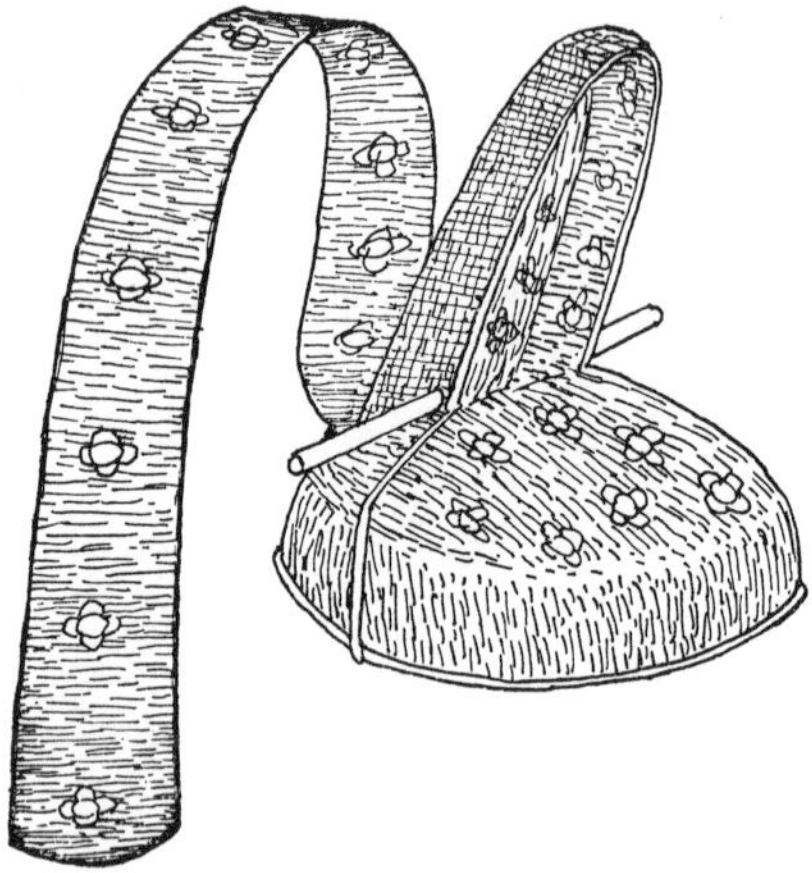

男子の垂纓冠《すいえいのかんむり》も正装には必需品

とり上着を短かめにして活動的に作られている。位の高い者は絹、綾などの布地を用いたが、供の者は粗末な生地で作ったものを着用した。なかでも、最下級の者は色模様の狩衣ではなく、白い布で作る「白《はく》張《ちょう》」姿であった。

なお、この狩衣姿で宮中に参内することだけは許されなかった。

●薫物合をいどむ女性たち

「源氏物語」梅枝の巻の薫物合《たきものあわせ》は大変描写がくわしい。明石姫君の裳着、入内が近づいて準備に多忙な頃であった。正月の末、年頭の節会の行事が一通り終って、閑暇な時期であることから源氏は薫物合を思い立った。

薫物は幾種類かの香木をひいて粉にしたものを混ぜあわせ、蜜やあまずらで練りあわせて丸薬状に作る。昔渡来した香木と、最近大宰大弐が奉った香木とを取り揃えて、六条院の妻妾たち、紫上明石の君、花散里などにくばり、各人がそれぞれに薫物二種を調合するようにと源氏が依頼する。各婦人の方々は、材料を選びととのえて、香木を搗く鉄臼《かなうす》の音がやかましい程の、今日此頃である。

源氏は寝殿に一人でいて、承和の帝（仁明天皇）の秘伝の二種の調合法を、一心不乱に調合している。紫上は、東の対の中の放出に特別に奥深く設備をし、八条式部卿宮の調合法を伝受し、源氏と競って調製している。

二人共、調度の品々も善美の限りを尽し、とくに幾つもの香壺《こうご》を入れる箱の趣向や火取香炉の意匠も目新しいさまで、当世ふうに今までと趣を変えてお作りになり、その中に精魂こめて調製したさまざまの香の秀れている品々をかいでみたうえで選び入れようという考えなのであった。

二月十日、雨が少し降り、庭前の紅梅が盛りで、その色も香りもまたとない風情であるころに宮はお出でになった。兵部卿宮は、その審判官として来られたのである。今日の雨上りの夕暮に各々の薫物の優劣を判定願うと、源氏は、種々の薫物を宮の御前に運ばせた。

やがて源氏の薫物が取出される。これは、右近衛陣の御溝水《みかわみず》の近くに埋めておく例になぞらえて、西の渡殿の下を通って流れ出てくる遣水の水際近くに埋めさせておかれたのを掘り出して兵衛尉が持参する。宮は「つらい役目の判者に当てられたものですね。なんとも煙たいことですよ」と困っている。

宮の判定の結果は、斎院が合わせた黒方は奥ゆかしく落着いた感じの匂いがすぐれているとし、又、源氏のは、非常に優美で親しみのある香りであるという。紫上は梅花が華やかに新鮮な感じで、少しぴりっとした工夫が加えてあって珍重すべき匂いが混じっているとし、「この頃の春風にのせて香らせるには、これに勝る匂いは他にないでしょう」とほめる。

また、花散里は煙を立てることも遠慮して荷葉《かよう》を一種だけ調合した。それが、変った趣向の、しめやかな香りがして、しみじみと親しみが感ぜられるといい、明石の君のは、宇多帝の法を朱雀院が引き継いだものを公忠朝臣が選んで作ったという、百楽

の法という薫衣香《くのえ》の一種が、この世のものとも思われぬほど、優美な感じを調合してある。その心づかいがすぐれているといい、

結局、宮の判定は、どれもこれも何かとりえのあるように御判定なさるので、「思いきりのわるい判者のようだ」と源氏は申し上げたという結果になっている。

この薫物合は、明石姫君の裳着のためのものであり、まことに描写がこまかく、当時の貴族や女房社会で行なわれたその方法を的確に伝えている。おそらく紫式部は、日記にしるすところ寛弘五年八月、中宮彰子の皇子誕生前の道長の邸、土御門邸で行なわれた薫物合を、ここにそのまま、用いたのであろうと思われる。

第七章

「宗教」ものしり25の史料

232 ようやく宗教の本質に近付いてきた平安時代の仏教

平安以前の仏教は、人間の苦悩を救う哲学的命題よりは、むしろ政治的なものとしての意義のほうに重きがおかれていた。東大寺をはじめ奈良の都に建てられた寺々、諸国の国分寺は国家機関にとってそれなりの存在理由があったのである。

ところが、平安時代に入ると仏教はより深く人間と関わるものとなっていった。人生とは何かを考える場合の救いの主、あるいは救世主であるという宗教本来の姿をになってくるのである。

それを積極的に体現してみせたひとりが天台宗の開祖最澄であり、もうひとりは真言宗の空海であった。

233 時代の要請に応えた最澄の天台宗、空海の真言宗

最澄、空海が出現するにおよんで、それまで国家の疵護に甘えてきた南都（旧仏教）の僧たちは安寧の夢を破られることとなった。

とはいっても、この新しい仏教である天台真言の二宗も、最澄、空海が広める以前に通慈、あるいは行基、玄昉などの名僧によって日本に導入されていたので、必ずしも最澄、空海が最初の人ではない。

最澄は近江（滋賀県）の滋賀郡の出であった。十二歳のとき出家し、大国師行表に

つき深い無常感から十九歳で比叡山にこもり（延暦四年七月）、延暦七年に仏殿を建立した。この間、彼は仏教徒としての求法《ぐほう》の道を天台にみつけ、「法華玄義」「四教義」「維摩経疏」を勉強する。やがて幸運にも桓武天皇が京に都を移したことによって、最澄の名声はにわかに喧伝されるにいたるのである。それを助けたのが、和気広世、真綱の兄弟であった。そして、延暦二十三（八〇四）年、空海らと唐に留学するのである。最澄三十八歳のときであった。

一方の空海は讃岐国（香川県）の出身で、祖先は学問に秀でた一家でもあった。

空海は初め〝孝経〟〝論語〟〝史伝〟〝文筆〟を学び、十五歳のとき京に出て大学に入った。ところが次第に仏教に傾き始め「昔の学問をおさめたところで益なし。真にあおぐしかない」という意味の言葉を残して大学を去る。十八歳のときである。「三教指帰」三巻は、このときの作である。儒、仏、道の三教の優劣を比較し、仏教が優れていると説いた。そして本格的に仏道に入り、和泉国（大阪府）の槇尾寺で出家し、諸国を廻って苦行を積んだ。そののちに唐に渡るのである。大同元（八〇六）年帰朝。東寺（教王護国寺）を真言道場とし、弘仁七（八一六）年高野山に金剛峯寺を開き、真言密教の高揚につとめた。詩文や書道にもすぐれ三筆の一人として名高い。

234 仏教政治の専横が僧侶の腐敗を招く

天平勝宝四（七五二）年、東大寺大仏の開眼会《かいげんえ》には、記録によると一万名を越える僧侶が列席した。これに全国の官、私の寺に関係する僧侶を加えると、僧侶は膨大な数になる。

僧侶は、僧尼令《そうにりょう》という厳しい生活の規定でしばられ、僧房に寂居してもっぱら修業につとめ、仏事にいそしむことを義務とされていた。しかし、奈良時代後期になると、寺院僧侶の腐敗が目立つようになり、課税のがれに土豪、有力農民で僧侶になる者も多かった。寺田は免租地になるからである。こうして、土豪は経済力を伸ばしていった。特に僧道鏡が皇位にまでついたことは有名である。

こうした状態を、光仁《こうにん》、桓武《かんむ》の父子王朝は僧侶の堕落と考えながらも、政治的に利用し経済的に援助を受けることから根本的な対策が立てれずに、ついに打開することができなかった。

235 和気広世をパトロンにして渡唐を画策した最澄

東大寺で一人前の僧となった最澄が、その理想を具現する端緒となったのは比叡山に籠ってからである。

ここで、帰化僧鑑真《がんじん》の典籍をもとに新しい宗派を研究、積極的に天皇にはたらきかけ支援を受けた。

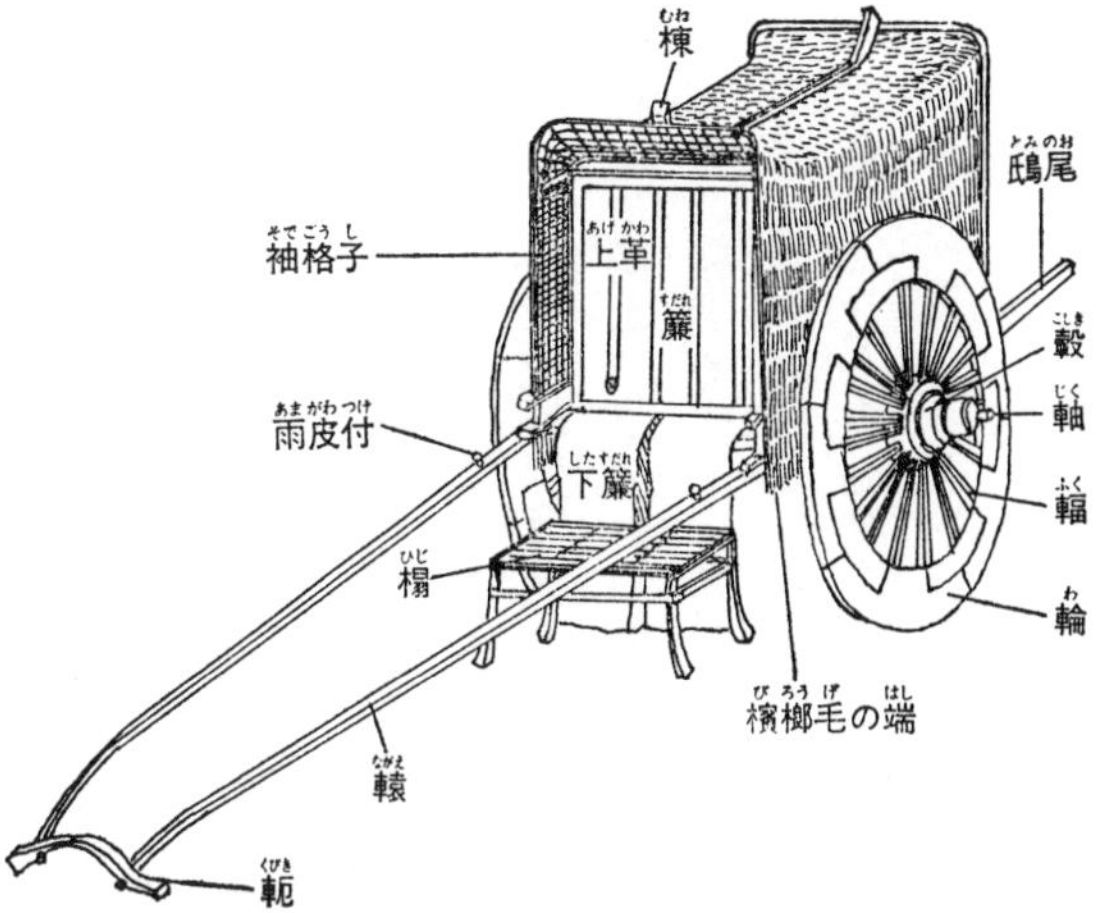

当時の代表的乗物は牛車《ぎうしや》（檳榔毛《びろうげ》）

なかでも、和気広世《わけのひろよ》（清麻呂の息子）から支援を受けることができ、その力にあずかって天台宗をひろめることができたのであった。最澄を世に知らしめたのは、桓武天皇と深い関係にあった和気であった。もし、和気というパトロンに出あわなかったら、最澄の抬頭は望めなかったであろう。

　和気氏を踏み台にして天皇に近づき、やがて渡唐を策動する。かくして歴史上に名をとどめるにいたったのである。

236　桓武天皇に認められた最澄の政治力

　現世における現実的な幸せを招き寄せ、災を追い払うことができるのが天台宗であり密教であるという論旨をもって、最澄は平安仏教を陵駕した。

また、最澄が比叡山を掌中にし、宗派の本拠地とすることができたのは、たくみに政治のツボを突き、それに成功したからでもあった。

とはいえ、空海が嵯峨天皇の疵護のもとで多方面にわたって才を発揮したのにくらべると、最澄の場合は求道に専念し、仏事以外には関わるまいと自戒していたらしい。

檀家の法会や世間の俗事に心を煩わされず、密教の発展に専心し、功徳を人に分かち与え、無上の菩提が授かることを願ったのであった。

延暦二十四（八〇五）年八月、最澄が帰国してきた頃、桓武天皇は病床に臥す日が続いていた。さっそく最澄は天皇のために新しい修法を行ない、そのために恩寵を得て、翌年の正月に天台法華宗の開立が許されるにいたった。

桓武天皇は、最澄の能力を認めざるを得なかったわけである。が、機運に乗じて立身出世をとげるあたりは、最澄の目先のきく非凡な才能を感じさせるところであろう。

237 あちらを立てればこちらが立たない南都仏教の勢力

桓武天皇が造作なかばで長岡京を捨て、再び平安京に移ったのは、南都の寺院勢力の政治介入をのがれ、天下の人心を一新するためでもあった。

当時の天皇、政府にとって寺院勢力は、現在の政界、あるいは経済界以上の力をもっていたのである。あちらを立てればこちらが立たず、思いあまって平城京を捨て長岡京で政治をと企てたものの、それもまた捨てなければならなかった。

このような状態のなかで、桓武天皇はノイローゼに陥っていたとみるのは歴史のこぼれ話のひとつである。

周囲の勢力が伯仲するなかで、自分の力だけで政治を動かそうとすればきまってノイローゼに陥り、衝動的な行動、言辞をはくことになるのは、現代の政治情勢をみても想像がつこうというものである。

238　僧侶人口の増大が国家財政の危機を招く

仏教寺院の建立が過剰になり、ついに禁令が出されたのは延暦六年（七八二）。寺院の建立はもとより、私寺建立の敷地を売買することまで禁じているきびしいものであったことを思えば、この当時、どれほど寺院の建立が盛んであったかが想像できる。

寺院には課税しないかわりに寄進があった。しかし、それでは間尺に合わないほど国家財政がひっぱくし、しかも財政上の確立維持が困難になっていたからである。僧侶人口が増えるということは、同時に生産人口の減少と、課役免除人口が増大するという二重の意味で、国庫の収入が減る大きな原因となっていた。
禁令はまた、僧尼の政治規制をかねていた。僧尼をひとりひとり検察し、破戒の僧がみつかれば、ただちに還俗させるという徹底した処分を行なっている。遷都の浪費によって、国政はそれほど緊迫した情勢にあったのである。

239 異国文化と政治力を共に身につけた空海の強み

嵯峨天皇の寵愛を受けた空海は、唐の生活で身につけた日本人には珍しい儀式、伝説などの知識を身につけ、宮廷サロンに出入りし、詩文、筆墨をもってさらに天皇のふところに入り込み、はでに動きまわった。

どこの国でも、いつの時代でも目新しいものは興味の対象になるもので、斬新でエキセントリックな唐風文化は、当時の貴族に大いに歓迎されたのである。

明治、大正に洋行した人間が一つの権威をもったそれ以上に、異国文化を身につけた人間がもてはやされたのである。空海はその立場を十全に利用し、政治的策謀をふるって自分を不動のカリスマに押し立てていった。そのためには、なんの躊躇もなく宗派が異なる最澄と手を組み、日本で初めて仏教界に教団を形成させたのであった。

240 訣別後も独自に各々の道を開拓した最澄と空海

教団設立、そしてそれぞれ自分の立場を有利にするために手をたずさえた最澄・空海も七年後には訣別を迎える。最澄からある典籍の借覧を乞われた空海がそれを拒否したことが発端であった。

さらに、空海のもとで修業をしていた最澄の弟子泰範が最澄のもとに帰らないという事件が起きて決定的となった。

空海と別れた最澄は、弘仁七（八一六）年東国下野《しもつけ》（栃木県）の小野寺、上野《こうずけ》（群馬県）の緑野《みどの》寺に旅立ち、千部の法華経をおさめた宝塔を建てた。そして、地方民衆に仏法を説いて歓迎されたのであった。

一方の空海は、高野山へ向かう。そして修業を積み、文才をもって貴族の関心を集めていった。弘仁十三（八二二）年には東大寺に灌頂《かんじょう》道場を建設し、国家鎮護の修法を行なう身となった。

241 真言密教は独特な仏教芸術を生んだ

嵯峨天皇の庇護のもと、幾棟もの道場をもち、密教の根本道場となった高野山は、日本の彫刻・絵画という芸術的分野に大きな貢献をすることになった。

神秘性を形象した曼荼羅の絵図は、その象徴である。大日如来《だいにちにょらい》を中心に諸仏の像を独特な構成で整然と並べた画図は、真言密教の典型的な構図で、九世紀以来、さまざまな曼荼羅がわが国の絵師らによって精力的に制作されるようになっていった。

さらに、それは金剛界の諸仏、たとえば不動明王などリアルな描写の彫刻を生むにいたった。これはもとはインド教の神であったが、仏教と習合して仏の守護神と化したのである。像にみられる怒った表情、力の誇示は、その守護神的威厳からくるものである。

242 密教の霊験あらたかならず

真言密教こそ最高の宗教であり、その最高位に座して権勢をふるった空海も、病には勝てずに六十二年の生涯を終える。

精力的で丈夫だった空海は、年令からくる老衰ではなく、死因は悪瘡《あくそう》だったのである。体中一面に吹き出ものだらけとなり、高熱におかされ、完治することは望めなかったという。

加持祈祷がお手のものであるはずの密教の霊験もあらたかならず、創始者本人は病にたおれたのであった。発病してからわずか二、三ヵ月、承和二（八三五）年三月、ついに帰らぬ人となった。場所は高野山金《こん》剛峰寺《ごうぶじ》でその一生を閉じたのである。高野と東寺、高雄の間をいききする間にも朝廷に奉仕し、密教の最高指導者としての重責が老僧に充分な休養を許さなかったのである。

243　天台・真言宗が貴族にうけた真の理由は

天台・真言宗が教団を組織することができ、ここでひとつの歴史的な進展をみせることができたのは、この二つの宗派が貴族にとって好都合であったからにほかならない。いわば貴族仏教の成立であった。

もし、貴族にとって不都合なものであれば桓武天皇、嵯峨天皇が支援するはずがないのは当然であろう。というのも、南都の旧仏教勢を次第に駆逐していってくれることを期待し、それが新政を行なうために都合がよかったからである。

しかし、南都の旧仏教がすぐに衰えていったわけではなかった。「風信帖」にその名をつらねる修円などは、新しい二宗の抬頭に対抗して南都の仏教研究会・深密会《じんみつえ》を開始し、大いに研究が盛んであった。さらに、修円は最澄と三一権実（天台の正邪についての論争）論争をたたかわせ、気炎をはいたものであった。

244　パトロンにそでにされた南都教団

南都教団も九世紀なかばになって、ようやく衰退の色をみせていった。貴族の保護を失った大安寺や元興寺が、その端緒となった。

時の学匠であった仲継の弟子、明詮が小院を建てたとき、それをねたんだある僧との、次のようなエピソードが残されている。

「お前さんは寺院の一隅に離れ屋を建てたそうだが、その費用で寺が潰れんかね」そう言われた明詮、「たしかにパトロンからの援助は少なくなったが、まだほかにないでもないから心配めさるな、寺が潰れるなどということはありはしないから」

このやりとりをみても、いかに旧仏教は経済的に緊迫していたかがわかる。こうして、旧仏教は従来の官寺経済機構を廃して「中世的寺院機構」を整えなければならなくなった。そして、「院」や「坊」を中心とする組織に改編されてゆくのである。

245 怨霊物怪の出没に悩まされた九世紀中葉

九世紀中葉は、藤原氏によって貴族政治がゴリ押しに行なわれた時代であった。承和の変（八四二）、応天門の変（八六八）、陽成廃位（八八四）、阿衡の議（八八八）と並べあげただけでも良房・基経父子は貴族社会に党争、紛争の種をまいている。

こうした権謀術策を被って無念の死を遂げた人が、怨霊となり、物怪となって取り憑き、狂わせて死に追いやると思われていた。権力者も、裏をかえせば常に恐怖と不安におびえていなければならなかったのである。

「大鏡」に、染殿后《そめどののきさき》が物怪に取り憑かれ、

円珍が鎮めようと努めたが失敗に終ったことが記されている。これは惟喬《これたか》、惟仁《これひと》の東宮争いで敗れた紀氏一族の怨霊といわれているが、仏教はこうした事件のために、鎮魂と呪術として重要な即物的要請を担っていた。

246　比叡山の隆盛をもたらした良源

天台宗が後世に大きな思想的文化的影響を与えるほど、その教義を確立し、全国に伝播させたのは、最澄よりはむしろ良源（九六〇頃）の時代である。そして、そのために南都《なんと》法相宗《ほっそうしゅう》は、決定的に凋落を余儀なくされたのであった。

応和三（九六三）年に法華会《ほっけえ》が宮中で催されたとき、衆生《しゅうじょう》成仏《じょうぶつ》の問題について、南都法相宗と新興宗教であった天台宗との間に激しい論議が交された。このときの勝負については所伝によって異なるが、良源の弁舌があざやかであったことだけは異論がない。

良源は青年時代から弁才を謳われ、注目されていたが、やがて右大臣藤原師輔《もろすけ》の恩寵を得るにおよんで、いよいよ延暦寺を背負って立つ人物と目されるようになった。そして、延暦寺は再び勢いをもりかえし、最盛期を迎えるのである。

247　仏門は志を得ぬ挫折者で賑わった

摂関体制が確立すると、門閥外の貴族の

出世の道は絶たれ、志を得ない貴族の子弟はやむなく大寺の僧侶となって活路を見いだしていった。

それまでは庶民出身者がほとんどであった上層部が、貴族出身の僧によって占められることとなったのである。そして、教界が次第にスピード出世を生むようになっていった。

たとえば、僧侶の出世など任用の基準となっていた「年臈《ねんろう》智徳の次第」が無視されるようになり、権力者の血をひく者が異例の昇進をすることがたびたびでてきた。

その典型的な例は、良源の跡をついで天台座主となった尋禅である。わずか三十二歳の若さで少僧都に就任して僧界をおどろかせたものであった。

248 複雑な仏教形態の中で、精神生活の大きな頼りとなっていた天台宗

平安中期の貴族の精神生活は、天台、とくに「法華経」に基調をおいていた。現世利益のための加持祈祷をしていたこともももちろんであるが、精神生活の支えとしても天台の信仰は大きな意味をもっていた。

法華経がいかに生活に根づいていたかは、かつては女が漢字を読んだりすると叱られたものなのに、「紫式部日記」に記されていることがらや、式部をはじめ、赤染衛門、和泉式部の和歌の中には、法華経を主題にしたものが、非常に多いことによってもわ

かる。そうした天台法華思想のうちにあっても、天災や度重なる疫病の蔓延は、どうしてもくいとめることは出来なかった。そして、次第に末法の思想を育てていったのである。

いつまでも安寧を求めることができなかった人々は次第にこの世の無常を思い、来世という考えで仏教を享受している。

現世肯定、現実を礼讃しながらも、内面では仏教にすがっていったのだった。

249　末法思想が浄土教を生む

この世が人間を救い得ないという追いつめられた思いが、やがて比叡山の法華懺法《せんぼう》とともに唱えられていた不断《ふだん》念仏にすがるようになり、「阿弥陀経」を唱えるようになっていった。これを導いたのは源信である。地獄・極楽のありさまを示した経文をひき、極楽往生に念仏すべきことを説く。念仏さえ唱えれば、現世はもちろん来世も往生極楽となると説いたのであった。その聖典が、「往生要集」である。この昼夜間断なく南無阿弥陀仏を唱える不断仏がしばしば貴族の私邸でも行なわれるようになり、貴族から民衆へとひろまっていったのであった。

死期の近いことを悟った藤原道長は、病気平癒の祈祷をやめさせ「ただ念仏だけを唱えてくれ」と言ったという。これは「栄花物語」に出てくるが、この世で成仏を期

女性の旅姿の代表的なものだった壺装束《つぼそうぞく》

すよりは、阿弥陀に導かれることによって、あの世で往生したいという願望を意味するものともいえよう。自力による成仏ではなく、他力による往生浄土が、これまでの仏教にはなかった本質的な違いであった。

したがって、末法悪世の現実が、救済としての浄土教を流行させることとなったものである。だが、もちろんそれと同時に、道長をはじめ貴族の信仰する浄土教は、この世の栄華を来世にて希望するというような一面もあった。道長建立の法成寺は、この世ながらの極楽であったということができる。美しい仏教芸術の殿堂法成寺の阿弥陀堂の中で阿弥陀のもつ絲に手を握ったまま最後の息を引きとった道長は、現世、来世二世の栄華を夢みつつ、幸福なあの世に行くことができたのであろう。

250 末法の契機となった疫病の流行

科学的合理性で問題を考えることができなかったこの時代は、自然の異例な現象、あるいは病気の蔓延はすべて不可解で神秘な世界のしわざによるものだと考えた。人事のおよばぬことは、ただ鎮静を祈るほかはなかったのである。

末法思想を象徴する末法という文字が書物に最初に現われるのは、「扶桑略記」で、永承六（一〇五二）年のことである。著者皇円は、去年の冬以来の疫病のために人の死が絶えず、大極殿において千僧読経、祈祷を行っているのにまるで効果がない、と述べ「今年始めて末法に入る」と記した。それは永承七年が入末法の第一年目にあたっていたからである。それだけに、釈迦の教法から見放された末法の人びとは、この地獄から脱け出せる方法を切望し、あがきのなかから浄土宗を見つけていったのであった。

251 神社には位があった

平安初期、神社に位階を与えるという記録がある。たとえば、「正一位稲荷大明神」などがその例である。仏教寺院に対しては、こうした贈位はまったくない。

神社に対して位を与えるのは、天武天皇

の時代から例があるが、平安朝になってにわかに増え始める。貞観《じょうかん》（八五九）三年には、京幾七道のほとんどの神社を昇進させ、あらたに二百六十七社に位を贈っているほどである。

日本人の神についての観念は、西洋のゴッド、仏教の仏ともちがい、半神半人とでもいえるイメージがあった。したがって、ナマ身の人間に神を認めるという特徴があり、位階を受けても不自然ではない要素がある。

天皇を現人神《あらひとがみ》と称するのも、その特徴の証である。

252 神社と寺院の平和共存

神社と寺院が共存することに当時の人は、誰も強い異和感を抱いてはいない。

神社は古来からあり、寺院はそのあと仏教の普及につれて建てられていったが、まさに平和共存で、外国のように異教として反発しあうことはなかった。その理由は、日本人の神についての観念が独特だという事情がある。そして、もうひとつには、仏教が個人の気ままな信仰だったのに対して、神道は一族ごととか地域ごとというように集団による信仰だったからである。

人は生まれながらにして、なんらかの神社に付随し、その生活を律せられるという意識があった。仏教が国教となっても、神は根生いの神であるという意識から、自然に仏教を受け入れてきたのであった。個人的には仏教、皇室・社会的には神道へと心は向かっていた。

253　暗記力が僧の出世の道を決めた

いかに頭脳明晰であっても、記憶力がすぐれていなければ、名僧はもちろん、高位につくことはできなかった。あるいは、僧侶になることさえできなかったのである。

たとえば、当時の仏教（真言・天台）の主流には法相宗と三輪宗があり、どちらの教典も難解で非常に長いものである。しかも、紙は貴重品であり、現在のようにふんだんにあるわけではないので、書写して自分の手元におくわけにもいかず、おおかたは記憶するしかなかった。記憶の鍛練のために二つの教典を利用したというほどである。

また、当時の僧の試験は典型的な暗記ものばかりで、記憶力は僧たちにとって切実であるばかりか、一生を左右する重大事であった。

254　庶民にはまだ遠い存在だった仏教

諸国に国分寺があり、都に東大寺があっても、民衆にとってはまるで縁のない建物でしかなかった。寺院は国家機関のためのものであり、また、民衆とは全くかけはなれた生活をしている貴族のためのものでしかなかったからである。ひろく民衆のために開かれる会堂などどこにもなかった。

なかには行基《ぎょうき》のように諸国を巡って民衆への布教につとめた僧もいないではなかったが、それも東大寺の建立を助成するための寄金を目的にしていたものだった、ということもできよう。

そういう意味で平安前期は仏教と庶民とのつながりがまだ稀薄で、過渡的な時代だったのである。

255 **仏も昔は凡夫なり**

仏も昔は凡夫なり
我等も終《つい》には仏なり

平安時代も終りの頃になると、このような歌が人々の口にのぼるようになっていた。「梁塵《りょうじん》秘抄《ひしょう》」という歌集におさめられているものである。

仏教によって誰でも仏になれる、また、誰にでも近づいて救いの手をさしのべると人々に思わせた。このように親しくさせていくには、四百年の年月と、その歴史を経なければならなかったのである。

平安朝の初期から末期への仏教の変遷が、このざれ歌のなかに語られている。仏教、特に天台・真言宗は初めは貴族のものであって、ざれ歌として一般大衆に口ずさまれることなど、想像もつかないことであった。

256　延暦寺が次代に与えた大きな影響

平安時代の後期の仏教界で、その指導的な役割を果たしたのは延暦寺であった。そして延暦寺を中心に発達した学問的な伝統は後世に大きな影響をもたらしていく。

法然の系譜も、日蓮の系譜も、さかのぼれば比叡山にその源流をなしている。さらに、親鸞、栄西、道元など鎌倉仏教の指導者も、かつては延暦寺で学問修業の生活を送ったのであった。

このように、次代の鎌倉仏教を背負う、個性豊かな先覚者たちを養成したのは、平安時代を通じて、ただ延暦寺だけだったのである。

第八章

「文学」
ものしり46の史料

257 外国語を自由にあやつった文化人たち

平安時代初期には、文化全般に中国色が濃厚であった。学問は紀伝道という漢詩文の学科がもてはやされ、中国の古典である「文選《もんぜん》」と唐代の詩集「白氏文集《はくしもんじゅう》」が熱狂的に尊重された。そして、宮廷サロンで頻繁に催されたのは漢詩文の宴である。

当時の文化人たちは、漢語に精通していることを旨とした。漢文を自由にあやつって詩作をし、日記を書き、渡来の中国人と会話を楽しんだ。それは、現代のインテリが外国語に通じているより、はるかに精通していたといわれる。その結果、漢詩文という高度の文学作品を生むにいたったのである。

258 中国文化に耽溺した嵯峨天皇

嵯峨天皇は無類の中国好みだったといわれる。自身も詩人としてすぐれ、唐風の書風をもって三筆《さんぴつ》（嵯峨天皇、空海、橘逸勢《たちばなのはやなり》の人）と称された能筆家でもあった。

それだけに、宮廷ではさかんに詩宴が催され、漢詩文は当時の文学を代表するものであった。天皇の命により、「凌雲集《りょううんしゅう》（八一四年頃、小野岑守《みねもり》編さん）」「文華秀麗集《ぶんかしゅうれいしゅう》（八一七年頃、藤原冬嗣編さん）」などの勅撰集が編まれたのもこの時代の特色である。主要な作者は、嵯峨天皇、空海、小野篁《たかむら》などであった。

次代の淳和天皇も勅撰漢詩集「経国集《けいこくしゅう》（八二七年頃、良岑安世編さん）」を世に送っている。

このように、あいついで漢詩集が編まれたことは異例であり、勅撰の漢詩集は日本文学史上ほかに例をみない。

259　天才少女詩人の出現

嵯峨天皇の第二皇女、有智子《うちこ》内親王はたぐいまれな天才詩人であったという。弘仁十四（八二三）年春、有智子内親王主催の詩宴が催された。

この詩宴の趣向は、漢字の熟語を書いた紙が机の上の袋の中にあり、それを引いて当った語句を詩の最後において作詩するというものであった。したがって、以前から準備しておくことはできない即興の詩会である。

並みいる著名な詩人の中にあって、ことに勝れた詩を作ったのがこの有智子内親王であった。

天皇は感激し、内親王に三品の位をさずけ末長く詩会を楽しむための費用として封《ふ》戸《こ》三百戸を与えた。

このとき内親王は十七歳。当時の詩壇には天才少女を生むだけの機が熟していたともいえよう。

260　漢詩にすぐれ、和歌にもすぐれた菅原道真

平安初期、唐の詩人に肩を並べるほど隆盛をきわめた唐風の漢詩も、時代を経ると

平易で優美な作風が目立ち、やがて国風化の道をたどる。そして、文学界は漢詩にかわって和歌が勢力を得るようになっていくのである。

和歌は、かな文字が生まれつつあった平安初期に、手紙などの私的な分野でかな文字を使って書かれながら醸成されていったものである。

そして、社会状勢全体が中国文化から和風文化へ転換していく波に乗って、漢詩から和歌へと文学の主流が移ってゆく。和歌の抬頭は八八〇年頃であった。

漢詩にすぐれ、和歌にもすぐれた菅原道真は、まさにこの過渡期を代表する文学者であった。

261 日本人の心をうたいあげた道真の作品

学者の血を継ぐ道真は、幼少の頃からその才能を発揮した。まず、十歳以前に漢文を習得し、十一歳になったときにはすでに「菅家文草」に編纂されている漢詩を作るまでに、その才能は熟していたほどである。やがて、かな文字の流布によって道真も和歌を作るようになってゆく。

道真の詩歌には、日本的美意識をもつ抒情詩の響きがある。それは、当時の詩歌にはない新鮮さであったのだが、それゆえに人々からの批判の対象ともなる。

「名を出せば道真の詩はまずいといい、名をかくせばうまい詩だから道真の作だろうと世間はいう」と、自作の中で嘆いているのである。

しかし、その才能は周囲のねたみに屈するには余りあるもので、「菅家文草」「菅家後集」に詩五一四篇、散文一六一篇を残している。

262　六人の流行歌人たちの活躍

万葉集から脈々と流れていたわが国固有の韻文〝和歌〟も、ひらがなの発達で大きく文学史の表面へ踊り出ることとなった。宮中ではさかんに歌合せが行なわれ、それにともなって流行歌人も生まれてきたのである。

当時の流行歌人に「六《ろっ》歌《か》仙《せん》（仙とは才芸にすぐれた人の意）」と呼ばれる人々がいた。在原業平《ありわらのなりひら》、小野小町《おののこまち》、僧正遍昭《そうじょうへんじょう》、文《ぶん》屋康秀《やのやすひで》、大伴黒主《おおとものくろぬし》、喜撰法師《きせんほうし》の六人である。

これらの人々には伝説的要素もあり、「古今集」の序文によると手きびしい評もされているが、とにかく〝和歌〟の隆盛期をもたらした先駆者として注目される。

263　天才歌人の双壁、好男子業平と美女小町

六歌仙ともてはやされた流行歌人六人のなかにあって、特に名高かったのは在原業平と小野小町である。

業平は平城天皇の孫であり、蔵人の頭まですすんだが、その経歴よりもむしろ、「伊勢物語」のモデルとしての伝説的好男

子ぶりが有名である。色男を指して「業平男」「業平作り」と呼び習わされたほどの、その道の代表者であった。

一方小野小町も、「小町娘」「〇〇小町」といえば今でいう「ミス〇〇」を指すほどの美女である。出羽の郡司の娘だという説があるが、今だもってその出生は定かではない。

後世「草子《そうし》洗《あらい》小町《こまち》」「業平小町《なりひらこまち》」など、謡曲にも取り上げられ、大伴黒主《おおとものくろぬし》と歌に命をかけた話、業平が小町に失恋した話など、業平と小町の周辺は伝説的な要素が色濃いものとなった。

業平は、豊かな感情を抒情的に表現し、小町の作品は優しい女の嘆きを感性的に謳いあげたものとして評価されている。

264 霧に包まれている小野小町の周辺

「小野氏系図」によると、小町は出羽守良真の娘で歌人の小野篁《たかむら》の孫といわれる。しかし定説ではなく、その像は霧に包まれたままである。

六歌仙の一人で、僧正遍昭や文屋康秀と歌を贈答しているために、文徳天皇（八五〇年前後）の頃の人であろうと推定されている。歌を作ることで生活し、漂泊していたのであろうという説もある。

「古今集」には十八首、その他の勅撰集に六十首ほど、そして「小野集」などに数々の歌を残し、百入一首に収められているも

ので

花の色はうつりにけりないたづらに
わが身世にふるながめせしまに

は特に有名である。

晩年は目を覆うばかりにおちぶれた姿を晒したといわれるが、これもまた噂でしかない。

265 恋に生き歌に生きた在原業平

ちはやぶる神代もきかずたつ田川
からくれなゐに水くくるとは
（百人一首）

業平はこの歌の作者で、平安初期（八二五～八八〇年）の才人である。平城天皇の皇子阿保親王の第五子で、母は桓武天皇の皇女伊登内親王といわれている。兄行平らと臣籍にくだり、在原の姓を賜わった。近衛中将であったことから、在五中将とも呼ばれていた。

高貴な生まれでありながら、放縦で物にこだわらずに生きた自由人であり、その生きざまは「伊勢物語」に窺うことができる。「古今集」の序に「その心余りて言葉足らず、萎《しぼ》める花の色なくして匂《にほ》ひ残れるが如し」と評されているが、あふれる感情のままに詠んだ天才肌の歌人であった。

陽成天皇の元慶四（八八〇）年五月、五十六歳の生涯を閉じた。

つひに行く道とはかねて聞きしかど
昨日今日とは思はざりしを

は辞世の歌とみられている。

266 最初の勅撰和歌集だった「古今集」

和歌の興隆は、やがてわが国最古の勅撰和歌集である「古今集」を生む。「万葉集」から「古今集」までの約百五十年間の秀歌、六歌仙時代の歌、そして「古今集」が編纂された延喜時代の歌などが約一一〇〇首集められている。古い歌、今の歌を集めたという意味で「古今集」と名づけられた。なかでも、質量ともに「古今集」の歌風を代表するものは、紀貫之《きのつらゆき》、紀友則《きのとものり》、凡河内《おうしこうちの》躬恒《みつね》、壬生忠岑《みぶのただみね》らの撰者の歌である。

その歌風は軽快優美で知的、貴族趣味や繊細な季節感にあふれ、万葉風、新古今風と並んで〝古今風〟と呼ばれるスタイルを作り出し、後の和歌のみならず、広く文学や精神生活に影響を与えた。貴族の教養として「古今集」を暗唱することが当然とされ、村上天皇の女御、宣耀殿の女御芳子が天皇の前で「古今集」二十巻をすらすらととなえてみせたという逸話は有名である。「古今集」で盛り上がりをみせた和歌は、その後も続々と勅撰の和歌集を生み、平安時代のうちに「後撰集」「拾遺集」「後拾遺集」「金葉集」「詞花集」「千載集」など数多く編纂されている。

267 「古今集」にみる自然観と恋愛観

自然の移り変りに鋭い観察眼をもち、加

えて恋する心の動きに素直であった古今の時代の人々は、その心情を歌に結晶させた。今「古今集」の歌を読むとき、そこには日本独特の耽美の世界がくり展げられているのがわかる。

かすみたち木の芽もはるの雪ふれば
　花なき里も花ぞちりける（春になってから降る雪は、まるで花が散ったように美しい）」＝紀貫之

ほととぎす声もきこえず山彦の
　ほかになくねをこたへやはせぬ（夏を告げるほととぎすの声がいっこうに聞こえぬ。山彦よ、お前が他で鳴いている声を反響させておくれ）」＝凡河内躬恒

秋来ぬと目にはさやかに見えねども
　風の音にぞおどろかれぬる（立秋の今日目にははっきりと見えないが、風のけはいにふと秋が感じられる）」＝藤原敏行

花の色は雪にまじりて見えずとも
　香をだににほへ人の知るべく（梅の花の色は白い雪にまぎれて見えないにしても、せめて香だけでも匂えよ、人が知ることのできるように）」＝小野篁《たかむら》

風吹けば峰にわかるる自雲の
　たえてつれなき君が心か（風が吹くと峰で離れていく白雲が絶えてなくなってしまうように、たえて全く思いやりのないあなたの心であることよ）」＝壬生忠岑

268 歌論や批評が盛んに行なわれた当時の文芸の隆盛ぶり

「万葉集」が素朴で直截的であるのに対して、「古今集」は非常に技巧的である。それだけに、次第に文壇的になってゆき、作法がうるさくなり、歌合せのときなどは和歌論の批評が激しく交わされるようになっていった。

たとえば、歌合論の内容は次のようなものである。

咲かざらむものならなくに桜花
おもかげにのみまだき見ゆらむ
（凡河内躬恒）

山ざくら咲きぬるときはつねよりも
峰の白雪たちまさりけり（紀貫之）

この二首の優劣は、結局〝持（互に優劣のないこと）〟とされて引き分けになった。その理由は、躬恒の歌には「らむ」という同じ語が二つあり、貫之の作には「山」「峰」という同義語があるという判定のためである。

しかし、藤原公任《きんとう》は技巧に走ることより歌の心を重視する立場をとっていた。この歌の判定に対しても批判的であり、同じ言葉が重なっても意味が違えばよいと、古い時代の歌を例に引いて述べている。

このように、隆盛期を迎えた平安歌壇は、歌を批評し、その批評がまた批評されるという活気をみせていた。

269　民謡の名歌手だった後白河法皇

宮中で催される歌舞音曲も、平安時代の初期までは外来のものが好んで行なわれていた。そして、国風文化の波に乗って音楽も固有のものが流行し始めたのである。そのおもなものは神楽歌（神座《かみくら》の約。手に神が宿るという榊などを持ち、神を楽しませるための歌舞）、催馬楽《さいばら》（奈良時代の民謡を雅楽にのせた歌曲）である。

また、貴族社会に流行したものに朗詠《ろうえい》（和漢の詩を吟ずる）と和讃《わさん》（国語で綴られた仏教歌謡）がある。神楽歌、催馬楽には民謡的な要素があるが、朗詠や和讃は貴族的な要素が強い。朗詠には藤原公任《きんとう》の編纂した「和漢朗詠集《わかんろうえいしゅう》」、和讃には源信の編纂した「極楽六時讃《ごくらくろくじさん》」などの歌集が有名である。

平安末期になると、貴族社会で民謡が好んで歌われ、雑芸《ぞうげい》と称した。後白河法皇は雑芸の名歌手との評判が高かった。法皇みずから編纂した雑芸集「梁塵秘抄《りようじんひしよう》」には、庶民生活のさまが生き生きと歌われている。

270　和歌の詞書《ことばが》きが歌物語を生んだ

和歌の説明として書かれる〝詞書き〟を物語的に発展させたものが〝歌物語〟である。

和歌は人間に根ざす抒情を歌い、多くは恋愛をテーマにしているところから、歌物語も恋愛物が多い。

平安末期の袿姿《うちきすがた》

「昔男ありけり」で始まる「伊勢物語」は歌物語の最古の作品である。在原業平をモデルにしたといわれるが、藤原政権の中にあってむくいられなかった天才歌人、という業平像が人々の感動をよんで作られたものである。

そのほか「後撰集」前後の歌人を主人公にした「大和物語」、好色で滑稽な人物平貞文《さだぶみ》を主人公とする「平仲物語」などが「伊勢物語」の流れを汲んで作られた。しかし、いずれも作者不明である。

271 「物語のいで来はじめの祖《おや》」竹取物語

歌物語の系統とは別に、〝作り物語〟といわれるジャンルがある。文学精神にたつフィクションとして作られた物語を指す。「源氏物語」の中で「物語のいで来はじめの祖」といわれた「竹取物語」（九〇一～九五一年頃）は〝作り物語〟としては最古のものである。

以後、琴の名手俊蔭《としかげ》を主人公として四代の琴の神技をめぐる物語が展開される「宇《う》津《つ》保《ぼ》物語（九八三以前）」、ままこいじめの物語である「落窪物語（一〇〇〇年前後）」が書かれ、「源氏物語」出現のための下地を作っていたのである。

しかし、物語の最高峰に君臨する「源氏物語」が出現したあとはその模倣的な作品が多く、亜流的な要素が強くなってゆく。「狭衣《さごろも》物語」「浜松中納言《はままつちゅうなごん》物語」「とりかえばや物語」「堤中納言《つつみちゅうなごん》物語」などがあいついで書かれたが、筋の新奇をねらったり露骨な描写が多く、物語の低迷期を迎えるのである。

272　天才音楽家を描く「宇津保物語」

「源氏物語」の登場以前の最も巨大な物語は「宇津保物語」であった。全二十巻で、「源氏物語」のおよそ三分の二にのぼる長編である。

この物語は宮廷貴族に好んで迎えられ、「源氏物語」や「枕草子」にも登場する。たとえば、「源氏物語」には、琴の道は恋や政治の道よりも価値の高いものとして扱われるのである。主人公の光源氏は琴を習うにも師がいないために譜をたよって独習する場面がある。そして、その技は最愛の紫の上にも教えず、「私一代で絶えるのであろうか」と嘆くのであった。

〝宇津保〟とはほら穴のことであり、中国から琴の神技を学び帰った俊蔭の子、仲忠が母とともにほら穴にこもって技をみがいたことから「宇津保物語」と名づけられた。

273 まま子いじめの「落窪物語」

「落窪物語」はまま子いじめの物語である。現代でまま子いじめといえば、先妻の残した子を後妻がいじめるという形をとるが、この時代は夫と同居する妻が、他からひきとった子をいじめるというものである。一夫多妻の習俗を反映したこの感傷的な物語は、当時の姫君たちの袖をおおいにしぼったものであった。

主人公の姫は「わかんどほり（皇室の血をくむという意味）腹」の高貴な生まれであったが、不幸にして母親に死なれ、父親のもとにひきとられる。まま母はこの姫を物置きよりひどい〝落ち窪んだ部屋〟に閉じ込め、さまざまに虐待するのであった。しかし、姫をかばう阿漕《あこぎ》という侍女がいて、ついに左近少将と結ばれるという物語である。

274 歴史は変わっても、男性の女性観は変わらない

たとえ平安の昔であれ、現代であれ、男

性の女性観とはいかに変わらないものであるかを、紫式部は〝雨夜の品定め〟でみごとにみせてくれる。頭中将、左馬頭、式部丞という男の口をかりて、的確に綴っているのである。

　まず女性を三つの階級に分け、

「結婚するなら、金持の女に越したことはない。なかにはいい娘もいるだろうから」

「世間にはいい女がいないでもないが、いざ結婚するとなるとためらわれるものだ」

「女の嫉妬には堪えられない。おかげで指を噛まれた」「虚栄心が強く、教養あると見せようとする女は興ざめだ」「あるがままの素直な女がいい」

　とにかく、この三人の男性は自分の経験を通して気ままに女性論を展開させるのである。

　男にとって迷惑な女とは「男にもたれきる女」「しなをつくる女」「家政婦的な女」「内攻的な女」「きどる女」「浮気な女」「嫉妬ぶかい女」「気が弱すぎる女」「かしこすぎる女」だというのである。

　身勝手と思えなくもないが、男の立場からみると、まことに言い得て妙な女性論というべきである。

275　「源氏物語」は宮仕え後の経験を生かした作品

　源氏物語の一部は、宮仕え前に紫式部が里において夫宣孝との間の一人娘賢子をかたみとして淋しく暮らす間、父為時の援助もあり、安和の変で藤原氏の為に左遷された醍醐天皇の皇子源高明をモデルとして、更に嵯峨天皇の皇子源融やあるいは源信《まこと》達をもモデルに使用しつつ書きはじめられていた。だが、その部分はごく一部にすぎず、若紫の巻あたりまでであったと云われている。五十四帖全体の完成は、もちろん宮仕え後である。

式部は道長の娘彰子のもとに仕え、目の前に見る道長の偉大なる人格を尊敬しつつ、また批判もしながら、「源氏物語」の筆を走らせて行くのである。とくに、光源氏が須磨、明石より帰京してから後の全盛時代の実体は、明らかに道長である。また、須磨、明石の光源氏像は、高明のほかに菅原道真、あるいは藤原伊周の左遷の場面などもとり入れているとみることが出来よう。

現在、仕えている主人道長の甥の伊周。彼は父道隆（道長の兄）とともに、あまりに政権欲に心を奪われ、遂に左遷となる気の毒な人である。式部は伊周に同情し、その同情があわれとなり、実際には九州大宰府に左遷させられる伊周をモデルにしつつ、須磨、明石を舞台に物語の世界に恰好なものとして採り入れていった。

式部は、目の前に、男の世界のすさまじさをしみじみながめ、宮仕えする者としての我が身のはかなさをも華やかな世界の中にしみじみと感じるのであった。無常観、孤独感から救われんがために、彼女は、こころの世界にこよない豊かな美しい空想の人生を描いたのである。式部は、「源氏物語」を書くことによって、生きることのよろこびを知ったのである。

276　紫式部が意図した光源氏の映像

桐壺帝と更衣の間に生まれた「源氏物語」の主人公、光源氏は、生まれながらにして不幸な悲劇を背負っている人物であった。すでに帝には桐壺更衣より早く、先に入内していた右大臣の娘の弘徽殿《こきでん》女御がおり、その腹にすでに第一皇子（のちの朱雀院）が生まれていた。このことからして第二皇子であるこの物語の主人公は、皇子としての将来は不安である。このような情勢にあることなどをふまえて、作者は、これを臣籍に下し、源姓を与えた。彼は十二歳で元服、左大臣の娘、葵を正妻とした。

臣籍降下は父帝の配慮によるのではあったが、直接的には相人《さうにん》の予言にしたがったことになる。光源氏の将来をトする高麗《こま》の相人の予言によると、光源氏は帝王たるべき相をそなえてはいるが、帝王になると余りよくないという予感がする。といって生涯を人臣で終る人でない、という。

こうして観相の結果、彼の賜姓源氏としての人生は出発するのであるが、このことは、時の世人の賜姓源氏にたいする同情と支持を作者が充分に考慮し、同時に光源氏

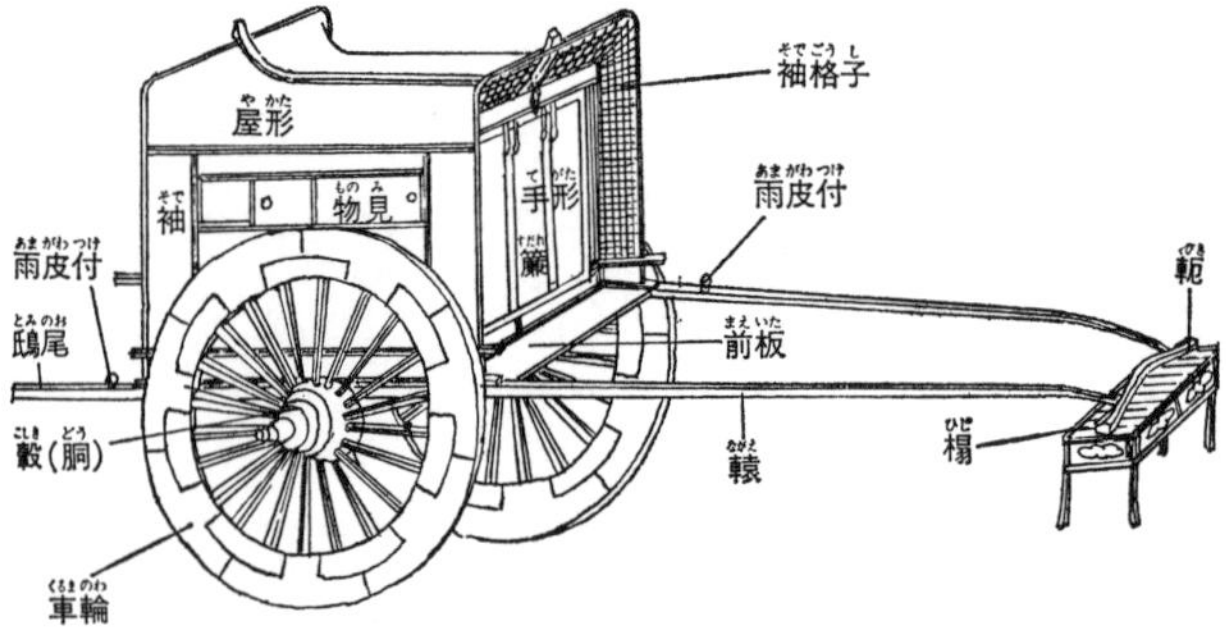

網代《あじろ》というタイプの牛車

の理想化を推し進めて行くものであった。須磨、明石への流浪の旅、これは明らかに史実としての源高明配流《はいる》の事件をふまえて筋を運んでいるのである。

　彼等賜姓源氏の人々は臣籍に下っても、王統につながる家柄の尊厳を有し、藤原氏に対抗する隠然たる勢力をもちつづけ、天皇家の財政の窮乏に対処するための方策で一時、源姓とはなったものの、政治家としてしっかりした者が多く、また、文才としてもたけている彼等は藤原氏にとっては、なかなか面倒な存在であった。

　彼等はその結果藤原氏によって追放される運命にあい、当時の人々は賜姓源氏の貴公子の人となりに同情し、その運命に共感し、いつか、その気持が藤原氏貴族に対する批判にもなりかねなかった。

そこで紫式部が、「源氏物語」の主人公を賜姓源氏として出発させたことは、こよない栄華の発展に向かわせるためであったことと、世人、読者たちに強力な支持と同情をかちとるためであったといえよう。

277　華麗な恋愛遍歴の物語に織り込まれた源氏物語第一部の影の部分

こうした不幸な身の上に生まれたとはいえ、理想的な貴公子光源氏には恋愛遍歴が始まる。

桐壺帝が更衣亡き後に迎えた藤壺女御。光源氏にとっては亡き母に代るなつかしい人としての憧れから、次第に初恋の対象となってゆき、やがて二人の間に御子が誕生する。これは表面上は桐壺帝の皇子、冷泉帝となっているものの、実は光源氏の子であり、このことを帝も知らず、源氏は苦悩と焦燥の日々を送ることとなり、ますます藤壺に対しての偶像化が高まる。

藤壺は中宮となりやがて桐壺帝が退位し、朱雀帝が即位。藤壺が弘徽殿女御をさしおいて中宮に立ったのも、藤壺に対する皇子の愛情はもちろんのこと、冷泉院の未来を願うためのものであった。

だが物語は、桐壺帝の崩御、藤壺の出家としばらくの間光源氏には不幸がつづく。

源氏、二十歳の春。ものうい花宴の夜、

弘徽殿の細殿で右大臣の六君、朧月夜尚侍を知り遂に二人は密通におよんでしまう。朧月夜を朱雀院の女御にせんとしていた右大臣や弘徽殿女御の怒りは大きく、朱雀院の外戚である右大臣の権勢が、天下を支配する情勢となり、右大臣一派の圧迫にも耐え切れず、自発的に源氏は都を去って明石へ行く。

明石の海岸では、明石入道の一人娘明石君と知り合う。そして葵上亡き後の紫上と同様に彼女は正妻のような立場になり、明石姫が源氏との間に誕生する。

光源氏はやがて帰京し、権大納言より内臣に進み、冷泉院の治世となる。伊勢の斎宮となっていた六条御息所の娘を養女として冷泉院の女御（梅壺女御）とする。源氏自らもまた、新帝の後見役として政権の掌握にのりだす。

その運勢は遂に一夫多妻の理想郷、六条院の大邸宅を舞台に華やかにくりひろげられていく。六条院は、四季の情趣をもたせ、正妻紫上は春、花散里は夏の住居があたえられ、秋を好む梅壺女御、また、明石上は落着いた冬の住いと、それぞれの室があてがわれた。そこへ頭中将と夕顔の遺児、玉鬘が九州より十数年ぶりに上京、六条院へ迎えられた。

しかし、こうした光源氏のめでたき宿世の影には、かぎりない人間の苦悩や不幸が織り込まれている。生霊《いきすだま》となってたたる六条御息所、また、明石上は幸福のように見えながらも生涯、受領の娘であるという「身のほど」の歎きをもちつづける。紫上とても葵上亡き後は、正妻の座で幸福な地位にあったようには書かれず、源氏の女性遍歴に苦しみつつ子のないままに病死する。

藤壺は中宮、女院と地位の上では幸福の絶頂であったものの、桐壺帝一周忌に出家する。しかし、源氏との道ならぬ恋に苦しみつつ、冷泉帝の後見役として若君を帝の地位にまでつかせたのは、他ならぬ藤壺の源氏との協力による強さにあることはいうまでもない。ここには摂関時代の後見役のいかに大切なものであるかが、物語の世界に明確にあらわれているということができる。

278　「源氏物語」第二部以降は苦悩と死の影がただよう世界

更に、三十四巻「若菜」巻以後の女主人公とも称すべき女三宮は朱雀院の皇女である。院の申出により源氏は、当時十四、五歳のこの宮を六条院に迎える。だが、その結果、紫上との異和感のもとに光源氏は苦しい日々を送ることとなる。冷泉院が譲位、明石姫君を女御とする新しい世となり、源氏は太政大臣から準太上天皇という現実には存在しない特別の地位につく。これは、紫式部の物語の世界にのみ存する理想が光源氏をしてかぎりなきものとさせたのであろう。

光源氏の繁栄は、いよいよ無限のように

展開する。が、すでに此頃より、源氏は四十賀を祝うというなど表面は華やかなものに見えたが、老年期に入り物語は葵上との息子夕霧の世界へと移っていったのである。紫上は遂に病む身となり、二条院で療養生活に入る。六条院も人少なになり頭中将の子柏木は、女三宮に忍びより、遂に密通し、女三宮はみごもってしまった。

紫上の病気が一時快方に向い、六条院にもどった源氏は、柏木の手紙によってその事件を知り、絶望感に陥ると同時に、自分の若き日の藤壺とのあやまち、罪の報い、因果応報に苦しむより致し方なかった。柏木は苦しみのあまり病死し、女三宮は男子薫を生んだのち尼となり、源氏の苦悩は一段とまさるのみであった。

若紫の巻に始まる「源氏物語」第二部の世界は、苦悩と死の陰影のただよいと見ることもできよう。光源氏の人生は、今や自己の力では、いかんともすることの出来ない苦悩の世界におち込んでしまった。すでに源氏は、くずれゆく六条院の栄華の世界をあきらめつつ眺めているに過ぎない。もはやつぎの世代によって、とどめるすべもなくその栄華は破られてしまった。そして最愛の紫上の死。源氏にとってかけがえのない美の世界は散り失せてしまったのである。

源氏は、嵯峨の御堂に読経三昧の余生を送り、第二部の終は「雲隠」の巻と、ただ巻名のみ存するままで光源氏が亡くなったのを読者に知らせる。こうして第二部は、悲しみの影に幕をおろすのである。第三部、宇治十帖は、光源氏の亡き後の罪の子薫の君を主人公とし、一方に匂宮を配し、八宮の娘大君、中君、および浮舟をめぐるわびしく暗い宿世に生きる人々の物語である。

279　物語の創作に自己の人生観すべてを託した式部

紫式部は、物語の主人公光源氏を、華やかに語ったが、ついにこの世の最高の栄華の世界で終らせなかった。光源氏の生涯は、まことにすぐれた人生であると同時に、苦悩と絶望を織り込めた人生でもあった。作者は、物語を書くことによって救われていた。光源氏の世界を理想的に書き上げようとすればするほど、作者の実際の人生の不安や絶望を、純粋にそこの場面に書いていくことになり、宮仕え中に感じた喜びと憂いが、すべてそこには書き出されている。「紫式部日記」にみえる宮仕えに入ったときの感激、しかし、それはいつまでも式部の気持をとらえなかった。

年くれて我が世ふけゆく風の音に
　心のうちのすさまじきかな

水鳥を水の上とやよそにみん
　我も浮きたる世をすぐしつつ

と、土御門《つちみかど》邸（道長の邸）にいながら、何ともいえぬうれいがつきまとった。日記には、宮仕え女性の苦悩がそのままあらわれている。自身の気持そのままは、「源氏物語」中の明石上に最も近いといえよう。紫式部は、越前守藤原為時の娘である。受領の娘の苦悩、それが明石上の「身の程」を察する気持となって、常にひかえめな姿の明石上として「物語」の中に、はっきりとあらわれる。

だが、正妻である紫上には子供がない。明石上には姫が中宮となる。身分の上では紫上より下でも、女としての生き方には、即ち、母となったことによって明石は、紫上の知ることが出来ない幸福を得ることができたのである。紫上は子供のないままあわれに病死してゆく。式部はめぐまれぬ我が身を「物語」の世界で理想のものとすることが出来たのである。

作者にとって、この世に女が生きることの苦しさは切実であった。「源氏物語」の中の女が人間として生きることの苦しみと悲しみ、それは紫式部の人生であり、だから、虚構の世界の明石上、紫上の運命となって、それは書かれねばならなかったのである。

280 「源氏物語」にみる恋愛観

光源氏を囲む多くの女性群、この設定は当時の社会条件のなかにあって光源氏を理想的な男性として描くための必然的な結果であった。それはまた、紫式部の想念が、心の深奥にある人間の業や性《さが》をえぐり、直視しようとしたための設定である。

すなわち、烈しく希求するがゆえに浪漫的な、だからこそ純粋な求愛の姿を描かなければならなかったのである。そして、愛は暗い官能の世界と不可分なものとした作者は、重層的で立体的な物語を書き続けていかなければならなかったのであった。

紫式部は永劫に解決することのない愛の不条理に挑み、やがて貴族社会に定着し始めていた仏教にすがらなければならなかった。物語が展開するにつれて、人間の内面を問う仏教色が次第に濃くなってゆくのはそのためである。

281 紫式部と英才教育

光源氏に夕霧という息子がいる。彼は元服すればただちに四位となる権利をもっていた。しかし、父の源氏はあえて六位にとする。元服したばかりの若者では、世襲のレールに乗ってゆくだけで世間の実体を熟知できないと考えたからである。そして大学へ進ませる。この光源氏の決断は一族を嘆かせ、夕霧も六位の人の着る浅緑色の衣の為恥かしい思いをする。

が、作者はあえてそう筆を進める。学者の家に生まれ育ち、真の教養人であった紫式部は、学問の重要性を痛感していたからである。また、もとはといえば道長と系列を同じくする出身でありながら、没落した貴族の立場からの権勢批判も読みとることができる。

282　音楽は貴人の衣なり

当時、楽器には〝吹き物〟〝弾き物〟〝打ち物〟の三種があった。吹き物とは笙《しょう》（十七本の管のついた笛）、笛（横笛）などであり、弾き物とは琵琶、和琴《わごん》（六絃の琴《こと》）、打ち物は大太鼓《だだいこ》、釣太鼓などである。

なかでも、和琴はたしなむ人が多く、貴族生活にとって重要な意味をもっていた。琴は女性、笛は男性という傾向にあって、屋敷から漏れ聞こえる女性が奏でる琴の音に、通りがかった男性が笛を合わせ、恋が芽生えるという情景もあったのである。

平安貴族における音楽の効用を「暗欝な哀しみを悦楽に変え、賤しくて貧しい者をあたかも貴人であるかに思わせる」と、紫式部は若菜巻下で綴っている。また、たんに〝遊び〟といえば〝管絃の遊び〟を指すほど、音楽は深く生活の中にとけ込んでいた。

283　美術評論家としての紫式部

紫式部が絵画に対して、どれだけの審美眼をもっていたか、具体的にはよくわかっていない。しかし、「源氏物語」帚木《ははきぎ》巻の通称〝雨夜の品定め〟の部分で絵画について述べていることから察すれば、さすがに秀でた人らしい鋭く的確な指摘をしている。

主題が空想的で荒唐無稽な描写はそれな

りに面白い。しかし、自然とか生活の場を具象的に描くときに、はっきりと巧拙が現われる。要するに、見慣れた対象を真実として描く段になって、真に才ある者とそうでない者の差が明確になるというのである。

　紫式部は、まだ唐様式の模倣が残っていた時代に、すでに抽象画と具象画の別を感覚的にわかっていて、あるべき絵画の姿を指摘しているのである。

284　目に見え、かつ心に映える美しさを尊んだ式部の美意識

「絵のように美しい」とは現代でもよく使われる形容詞である。紫式部は「源氏物語」でよくこの表現を使っている。須磨の源氏の侘び住まいが「絵にかきたらむやうなるに（須磨）」とか、遣水に映った澄んだ月の光が「絵にかきたやう（総角）」とか、尼姿となった御息所が薄暗い火かげの中で脇息に寄る恰好が「絵にかきたらむさまして、いみじうあはれなり」と源氏の目に映るのである。

　こうした描写は、その映像がただ形が整っていて美しいというだけではなく、見る者になんらかの心象的共感を呼びおこすものが〝絵〟であるという考え方にもとづくものである。価値あるものは目に見える形だけではなく、必ず心がともなわなければならないという一貫した紫式部の美意識が、絵画にもおよんでいるのである。

285 六条《ろくじょう》御息所《みやすどころ》「源氏物語」中最高の能筆家

「源氏物語」にはさまざまな人物が登場しそれぞれに個性を色分けされて描かれているが、その中で最高の能筆家は、おそらく六条御息所であろう。光源氏は彼女の書体を手本のひとつにしたことが〝梅枝巻〟に書かれているからである。

　では、紫式部の書道観とはいったいどんなものだったのだろうか。

　〝帚木巻〟には次のような意味の一節がある。

　べつに深い素養はなく技巧を用い、あちこちの点を長くひいたようなものは、ちょっと見はおもしろいようでも、すぐ浅薄さがばれてしまう。それにくらべて、まじめに丁寧に書いた字は、たとえ見栄えがしなくても、二度目によく見くらべてみれば技巧だけの字よりもよく見えるものである。

　と、まず字を書くときの真面目な態度、たゆまぬ訓練が必要であることが第一条件であると述べている。

286 自然のすがたは人間のあるべき鑑とされた

　わが国には、自然を自分と対立するものとしてとらえる観念はなかった。人間は自然と交わり、自然は人間の心の中に入り込んで境目がなく交流していたのである。だから、古来からある日本語には〝自然〟を意味する言葉はなく、〝自然〟という語句はシナからの借り物であった。

「源氏物語」には、自然と一体となって人が生きていく特有の自然観が全篇に流れている。自然が四季を通してその色模様を変えるように、人間もまたあるがままの姿を素直に現わすことをよしとした。自然の風姿のように姿態や心情をもつことが美徳であったのである。

喜怒哀楽をことごとしく顕わにしたり、知識を誇示したりすることは当然不自然な行為であり、心の卑しい振舞いであった。いつとはなしに花がほころび、いつとはなしに散って移ろいゆく自然のさま——それが人間の鑑であったわけである。

287　「源氏物語」はまさに古典の中の古典

古くて、しかも古くないのが古典といわれるものである。その意味で「源氏物語」は典型的な古典といえる。人々に示唆を与えつつ時代とともに生き続け、さらにその時代の新しい何かを生み出す原動力となっているために世から消えることがない。そこには、人間の織りなす本質的な様態が、美的に形象化されているからである。

そうした観点から「源氏物語」を読むとき、この物語は「写実小説」であり「心理小説」であり「理想小説」であり、作者の「心境小説」であり、同時に平安時代を象徴する「風俗小説」でもある。

紫式部はリアルな対象をフィクションで

鮮明にし、内面の感動を表出し、みがかれた言葉で真実を語り、虚像を実像にまで練り上げていったのである。そして美を理念化し、人間を追求することによって独自性を高め、普遍にまで到達できたのであった。

288

〝もののあはれ〟と〝をかし〟は平安文学に必須の条件

平安時代における文学の基調は〝もののあはれ〟にあった。それを象徴しているのが秋の季節であり、なかでも夕暮れの光景である。紫式部は、こうした自然の光景に心象風景を重ねることで、〝もののあはれ（しみじみとした情感）〟という言葉のさまざまな情調を描き、美の形象化に成功している。

ところが、一方の清少納言は〝をかし（すばらしい趣き）〟という明るい感情を表現する言葉で自然を描く。「枕草子」の冒頭にあるように「春はあけぼの……夏はよる……秋は夕暮……冬はつとめて（早朝）……」を〝をかし〟と表現しているのである。

同じ秋の夕暮の光景でも、紫式部は〝あはれ〟を用い、清少納言は〝をかし〟を使う。こうした感じ方のちがいは、紫式部が〝感性的〟であり、清少納言は〝感覚的〟なタイプであったからといえる。この気質のちがいが、異質でありながら双壁といわれる平安期の代表的文学を作り出していっ

平安期の代表的歌人だった紀貫之《きのつらゆき》

たのである。

289 「源氏物語」にみられる罪の意識

平安時代には、罪というものをどう意識しどう贖《あがな》っていたのであろうが。「源氏物語」を通してそれをみると、およそ次のようになる。

迷惑をかけること、科《とが》を非難すること、責任をのがれること……というように、さまざまな場合に罪という言葉を使っている。しかし、罪のもつ最も深い意味は、人力ではどうにも解決できない不幸の意識、仏教思想からくる宿世（前世）からの因縁の意識にあったのである。

たとえば、葵の上がもののけに取りつか

れ、それを六条御息所の生霊だと人々に噂される場面がある。そのとき、六条御息所は身に覚えのないことであっても、自分の心の奥底に隠された罪に、悩まなければならなかった。そして、この罪の意識は人間の努力や英知では解決できないものであり、仏教に帰依することでしか救われ得ないものと考えられるようになってゆく。

あの、理想の人間として描かれた光源氏でさえ、晩年は強く仏門に入ることを志向する。これは、具体的におかした罪を贖うためでは決してなく、宿世の因縁からくる贖罪の意識からであった。

紫の上が死の床にあって出家したいと源氏に懇願するのもまた、心の底に流れる罪の意識からである。病に苦しみながらも、せめて生きているうちに罪を贖っておきたいと願ったのであろう。それほどに罪の意識は精神に重くたれこめていたのであった。

290 フィクションの中に人間の真の姿を求めた式部

「源氏物語」の中で、式部は光源氏に「日本紀（六国史）よりも物語のほうが、よりためになる真理が詳しく書かれているものだ」という意味のことを言わせている。その意図は、物語の重要性を説き、物語の中にこそ真実があるといっているのである。

たとえば、式部は螢の巻で、物語というものは歴史と同様、あり得べき事実、そして真実を描くものだと述べている。

だから「源氏物語」は歴史書と対立するものではなく、式部は具体的な入間像を歴史書よりも深く、より明らかに表出しようとしたのであったにちがいない。紫式部は「源氏物語」を書くにあたって、歴史の否定ではなく歴史書の表現の限界を越えて、人物をフィクションでより人間的に描こうとしたのであった。

291　当時は「源氏」と並び評価されていた「狭衣物語」

「狭衣物語」は、「源氏物語」と並ぶ作品として、世に出た平安後期の当時から高く評価されていた。鎌倉時代の評論書「無名草子」に「さごろもこそ源氏につぎてようおぼえ侍れ」といわれているほか、「花月草子」には「伊勢物語は梅の如く、源氏物語は桜の如く、狭衣は山吹の如し」とたたえられているほどで、当時の知識人によく読まれたことを証している。

ところが、近世に入って国学が盛んになるにおよんで、「源氏物語」の亜流、あるいは模倣とされて忘れられてゆく。

内容は、従兄妹《いとこ》に恋した狭衣の大将の悲恋物語であるが、ここで特徴的なのは、貴族の物語なのに宮廷を描かず、もっぱら斉院が舞台となっていることである。また、服装の描写も非常に細かい。

作者は、六条斉院禖子内親王（後朱雀天

皇の皇女）だという説が有力である。

292 近代的短篇小説にも似た「堤中納言物語」

「堤中納言物語」は「花桜折る少将」「虫めずる姫君」「ほどほどの懸想（恋）」「逢坂越えぬ中納言」など、十の短篇から成っている。

なかでも、「虫めずる姫君」は猟奇的で独創的な物語である。当時の女性の風習の、眉を抜いたりおはぐろをつけることをせずに「毛虫のような眉で歯をしろじろと出して笑う」異様な姫の性格を描いている。「花や蝶をめでるなんてあさはかでわけがわからない。人間は誠実さがあって、物の本質を探求するのがおもしろいのだ」といって、すべての虫を集めて飼い、特に毛虫を好むのである。

この物語は、姫君を戯画的に描きながら、作者の鋭い風刺や批判が含まれている。奇をてらった頽廃的な傾向も認められるが、むしろ人間の局面を切り取ってみせる近代短篇小説の香りさえする作品である。

293 日々の記録の〝日記〟から文学としての〝日記〟へ

宮廷や役所の日々の記録を記した〝日記〟は古くから書かれていた。しかし、それは文学とは無縁の公事・儀式の日録であり、漢文で記した、男性の手になるものであった。

ところが、かなの発達によって自分の生活を物語ろうとする自伝風の文学が生まれ〝日記〟が盛んになってきたのである。

その口火を切ったのが紀貫之の「土佐日記（九三六年頃）」である。私的なメモや女性が書く〝日記〟に使われていたひらがなをあえて使い、女の立場を借りて自由な表現を試みたのであった。「男もすなる日記といふものを女もして見んとてするなり（男も漢字で日記というものを書いているというが、女の私も書いてみようとして書く）」という冒頭の文章に当時の事情がよく表われている。

「土佐日記」で確立した日記文学のスタイルは貴族に宮仕えする女性の心を触発し、藤原道綱の母の「蜻蛉《かげろう》日記」、紫式部の「紫式部日記」、和泉式部の「和泉式部日記」、菅原孝標《たかすえ》の女《むすめ》の「更級《さらしな》日記」を生む。このように女性の手になる日記が続々と書かれた背景には、一夫多妻制による女の不幸、身分制度からくる束縛などの社会的条件があり、心のうちにあふれる不幸の意識と美的情念とがその発露を求めた結果とみることもできる。

294　感覚の発露「枕草子」は随筆文学の傑作

日記が情念の発露といえるなら、随筆は感覚の発露といえる。平安時代に新しく生まれた文学のジャンルのひとつに随筆があり、「枕草子（一〇〇〇年頃）」には清少納言の美的感覚があふれるばかりに綴られている。

平安女流文学はとかく人生の矛盾や苦悩を正面からとらえる傾向にあるが、清少納言は斬新な感覚や機知の世界に生き、それを随筆に現わした。その意味で「枕草子」は、平安文学史のなかでも異彩を放っている。

宮廷生活を明るく美しく、一条天皇と中宮定子をはじめ、定子の父道隆、定子の兄伊周などの姿が生き生きと描き出される。道隆伊周などが定子をたよりにし、また定子を思う様子が心憎いまで明らかにされ、政治家としての道隆、伊周の宮廷における活躍ぶりも目に見えるように書かれている。

が実際は、道長に圧倒されかなり苦難な日々を送っていた彼等の姿は書かれていない。長徳の変によって左遷された伊周、隆家、その事件を悲観するあまり出家した定子など、実は中関白家一家は没落の危機にさらされていたのである。そのような面については「枕草子」にはほとんど書かれていず、これも、清少納言の性格のしからしむる所であったのであろうか。

295　誠実でやさしい人柄の持主だった紀貫之

土佐の守であった紀貫之は、その任を終えて帰京するときの道程を「土佐日記」に記した。国司の館を出発した承平四（九三四）年十二月二十一日から、京都の自宅に入った翌五年の、二月十六日までの五十余日の記事が書かれている。

貫之は、やさしく情の深い男であり、子煩悩な父でもあった。土佐の人々と別れを惜しむ場面、同乗の舟の客との交流、在任中に亡くした女児を悲しむ気持などが、和歌をまじえながら描かれ、誠実で自由な人間性が感じられる。死んだ子供への哀惜を、母親の気持に仮託して綴ろうとしたことが「土佐日記」を執筆する動機となった、という説もあるほどである。

また、歌人であった貫之は、国文、かな文字に対しての自覚が強かった。そこで、実験的に「男もすなる日記というもの」を書いたのである。

296　薄幸だった美貌の才女、道綱の母

「蜻蛉日記」の中にある

なげきつつひとりぬる夜の明くる間は
　いかに久しきものとかは知る

という「百人一首」の歌を知っている人は多いにちがいない。この作者、道綱の母（藤原兼家の妻）は、わが国における最初の散文形式による自叙伝、一人称の日記体小説を書いた人である。

自分のとるにたりない半生を日記文学で世に残すことを、〝作り物語〟以上に文学的な価値があると考えていた。冒頭の一節「古い物語をみると、世の中に多い作りご

とが記してある。自分の身の上を日記にしたためて、作り物語とは別な珍しいものを作ろう」という意味の文章に、作者の自覚が窺える。

彼女は、当代の三美女の一人と謳われたほどの美貌と和歌の才能をもちながら、一夫多妻制と兼家との性格の不一致と身分差から不幸な女の道を歩まなければならなかった。その兼家との満たされない結婚生活の中で、ひたすらな愛情を子供道綱にかけて生きる半生が日記にこまやかに綴られている。天暦八（九五四）年から天延二（九七四）年までの二十一年間の回想の記録である。

297 和泉式部にみる女の性《さが》

和泉式部という女性は、道長に「うかれ女」といわれ、後宮の女房仲間から「妖婦」と見られていたほど、愛欲に奔放な生活を送ったといわれる。

確かに彼女の男遍歴は派手であった。和泉の守橘道貞の妻となり一子（娘・小式部）をもうけたが、やがて離婚。そして冷泉天皇の第三皇子弾正宮為尊《だんじょうのみやためたか》親王と情を結び、親王の死後は第四皇子の帥宮敦道《そちのみやあつみち》親王と恋仲になる。しかし、七歳年下のこの親王との恋愛生活も、親王の死によってわずか四年で終ってしまうのである。

その後、一条天皇の中宮彰子に仕え、伊勢大輔、紫式部、赤染衛門などと交流をもちながら宮廷生活を続けていたが、やがて丹後守藤原保昌《やすまさ》の妻となって女房を辞し、夫とともに丹後に下ったという。

「和泉式部日記」は、式部が敦道親王の求愛を受け、宮に迎えられるまでの約十ヵ月間の恋愛過程を描いたものである。

歌人としても名高かった式部は、勅撰集に二百三十八首の歌を残している。その歌風は情熱的でつややかな女心があふれ、すぐれた恋愛歌人と謳われた。

298　「源氏物語」にあこがれた文学少女

「更級日記」の作者である藤原孝標《たかすえ》の娘は「蜻蛉日記」の作者の姪にあたり、上総《かずさ》（千葉県）の受領の家の出身である。

地方貴族の娘として育った作者は、都で流行している「源氏物語」の噂を聞き、ぜひ読んでみたいとあこがれるのであった。そして等身大の薬師仏を作って、手をきよめ、「京にとく（早く）あげ給ひて、物語のおほく候ふなる、あるかぎり見せ給へ」と額を床について祈るほど〝物語〟に魅かれた夢見がちな文学少女であった。

仏は願いを聞きとどけたのか、十三歳の年に上京することとなった。

しかし、上京の翌年に乳母の死、十七歳のときに姉の死などにあって、屈折した感情を育ててもいたであろう。そして、橘俊通と結婚したのは三十二の年。当時としては並はずれた晩婚であり、長い間独身で通

平安期庶民子供の手無姿《てなしすがた》

したことは閉ざされた環境で内省的な性格を醸成していったにちがいない。

その後は、物語の世界であこがれた宮仕えも経験し、安定した結婚生活で一応の心の平安もなくはなかった。しかし、作者の内省的な感情は、一生を回顧したときどこにも満足すべき時代はなかったと痛感するのである。せめて、少女時代のほのぼのと胸を締めつける思い出を懐しみながら、晩年の寂しい生活を静観していくというのが、この日記の基調となっている。

299　摂関政治史を文学風にえがいた歴史物語

平安時代の初期、漢文で書かれた官撰の

歴史書「続日本紀《しょくにほんき》」「日本後紀《にほんこうき》」「続日本後紀《しょくにほんこうき》」「文徳実録《もんとくじつろく》」「三代実録《さんだいじつろく》」（「日本書紀」と合わせて六国史《りっこくし》という）が編纂されたが、これらは国家政府によりつくられたものである。

そして、貴族が全盛の頃は歴史書はしばらくなりをひそめていたが、藤原氏が衰退の色を見せはじめた平安後期になると再び興隆をみせ始める。過ぎ去ろうとしている華やかな時代をなつかしみ、賛美する気持が〝歴史物語〟を生む一つの動機となったのである。

また、種々の平安文学を継承して作られた「栄花《えいが》物語（一〇九二頃）」は、記紀以来の文学水準の高い歴史物語であり、かな歴史の最初のものである。藤原氏の発展の歴史叙述の中に貴族の栄華の象徴ともいえる道長の人間像が浮び上ってくるのであった。

道長を主軸において書かれた歴史物語には「大鏡《おおかがみ》」もある。「栄花物語」が道長賛美の要素が強いのにくらべて、「大鏡」はそれとは反対に現実を批判する鋭い視点があり、劇的な内容をもっている。

その後、「水鏡《みずかがみ》」と「今鏡《いまかがみ》」とが作られ「水鏡」には「大鏡」以前の記事、「今鏡」には「大鏡」以後の記事が書かれている。

300　「栄花物語」は歴史書であり文学書でもある

「栄花物語」は歴史書か文学書かというこ

とがたびたび議論の対象となる。歴史書にしては事件の描写が作り物語に似て部分的に詳細であったり、文学書にしては構成が散漫であったりして一貫した物語的展開をみせていない。かなで書かれた歴史物語の初めとして、文学的な要素をもった詩的歴史書ともいえるものである。

正篇三十巻は村上天皇の時代から、後一条天皇までが記されているが、そのうちの後半十五巻はタイトルにふさわしく藤原道長の栄華を「もののあはれ」を基調にして描いている。

この物語の作者は誰であるか正確にはわかっていない。宮廷の描写に詳しいこと、道長周辺の事情を眼前で見るように表現しているところから、道長の妻倫子に仕え、秀れた歌人として文学的才能をもっていた赤染衛門であろうという説が有力である。

物語中には、生活の断片、人物の性格批評、逸話などが散りばめられ、皇室と道長を中心とする外戚の発展が書かれ、その中に貴族社会の悲喜こもごもの生活があざやかに浮かびあがっている。後の十巻は、続篇とも称すべきもので、道長の死後の藤原氏の歴史を堀河天皇まで書いたものである。全四十巻が編年体のかなで書かれた歴史書であることに大きな特長がある。

書かれた動機は、ただ道長を賛美するだけでなく、むしろ「六国史」に続く藤原氏の歴史をかなで綴ろうとしたものだといえよう。そして筆の進んでいくうちにその英雄たる道長に中心が置かれていくことになったものである。

301　時代を映す〝鏡もの〟の四傑作

「栄花物語」以降、続々と編纂された歴史書に「大鏡」「今鏡」「水鏡」「増鏡」があり、これら四篇を文学史では〝四鏡〟と呼んでいる。〝鏡〟とは〝時代を映す〟という意味で、〝鏡もの〟などといわれる歴史書の代名詞ともなっている。

「大鏡」は文徳天皇から後一条天皇（八五〇～一〇二五年）までの歴史を、道長に焦点を絞りながら綴った歴史書である。特徴は、道長を讃美するだけでなく、陰謀による犠牲者の人物像にまで触れ、現実を批判し、暴露する強い姿勢で書かれていることにある。しかも、力との対立や行動の場面を漢語まじりの簡潔雄勁な文体で描写し、女流文学とは著しく異なっている。作者は藤原能信説が有力である。

「水鏡」は平安末期から鎌倉時代に入って書かれたものと推定され、内容は「大鏡」以前の時代である神武天皇から仁明天皇までの五十四代の間八五〇年の出来ごとを扱っている。作者は中山忠親という説が有力である。

「今鏡」は「大鏡」の後を受け、後一条天皇から高倉天皇の十三代（一〇二五～一一七〇年）にいたる歴史の叙述である。作者は中山忠親のほかに源通親、藤原為経らが考えられているが定説はない。成立は一一七〇年。

「増鏡」は南北朝期を扱っている。作者は二条良基という説があるが不明であり、成立年代もわかっていない。内容は後鳥羽天皇誕生の治承四（一一八〇）年から、後醍醐天皇（一三三三）にいたる十五代の、約百五十年間のできごとを述べ、鎌倉時代の宮廷生活や朝廷と幕府の関係を物語風な優美な文体で描いている。

302　庶民の姿を生き生きと伝える「今昔物語」

「今昔物語」は、わが国に古くから語り伝えられた話だけではなく、天竺（インド）、震旦（中国）のものまで、千余話が収められている長大な説話集である。仏教説話が中心となっているために遠く海外にまで題材を求めたのであろう。

貴族的、女性的、趣味的な特徴をもつ平安文学の中にあって、「今昔物語」には庶民や武士の姿が生き生きと綴られている。仏教談が主体になっているだけに多分に教訓的ではあるが、種々の事件を人間性のありのままの発露として扱っているために独特の魅力が感じられる。

漢語をまじえた〝和漢混淆文《わかんこんこうぶん》〟の力強い文体は、男性的、行動的であり、鎌倉時代の戦記文学に影響を与えることとなった。

「文学」史料の真実

●源氏物語のモデル

「源氏物語」の螢の巻では、物語の真実は、決して「そらごと」ではなく、世にあり得る事実から発しているのだという。これは光源氏の言葉であるが、式部自身の考え方そのままの表現である。「この世のほかのことならずかし」「そら言といひはてむも、ことの心たがひてなむありける」というところなど歴史のあり方を認識すると同時に、当時の社会に生きる人間の姿を明らかにしようとしていることが見える。ここには当然モデル、準拠があることが考えられる。「源氏物語」の準拠は、延喜、天暦年間すなわち醍醐、村上天皇時代のいわゆる聖代であるとも、また紫式部の時代であるともいわれている。延喜、天暦説は古註以来多く、また、山田孝雄博士が、音楽の面からこれを誕拠づけてから定説のようになっている。これは醍醐天皇の皇子源高明が光源氏であるという見方とも共通する。また高麗《こま》人が来て、鴻臚舘《こうろかん》において源氏の君との対面がおこなわれたことなども、その頃の史実を準拠としているといえよう。式部は延喜、天暦を理想的な時代とあこがれ、その聖代に生きる理想的な政治家が文人として理想的に生きる姿を書いていったのであろう。

　だが、同時に作者は道長治世下にある現代（式部が「源氏物語」を書いている寛弘のはじめ頃）もよき時代と考えていた。須磨、明石から帰京していちじるしく昇進し内大臣・太政大臣から準太上天皇に達する光源氏の準拠は藤原道長であり、天皇の行事があり、詩歌管絃の多くのみやびな行事がおこなわれた六条院は、道長の娘、一条天皇の中宮彰子の住む土御門邸であることはいうまでもない。式部はここに局をもち、主人中宮彰子を心から敬愛し、皇子敦成親王（後一条天皇）の誕生には、父道長、母倫子とともに土御門邸の道長一族の人々と同じ気持で、このめでたい行事に自分も参加し喜びを共にしたのである。「紫式部日記」は、寛弘五年（一〇〇八）の九月、この皇子誕生の儀式を記録して、その前後の月日にまたがる式部の感情を美しく、かつ一方では、我が身の生き方を反省しながら記していった日記である。

こうして式部は土御門邸で道長から多くの助言を受けながら「源氏物語」の執筆をつづけていった。道長を尊敬し、土御門邸に仕えることに喜びと誇りをもっていた式部は、創作の筆が進むにつれて道長を光源氏に、彰子を藤壺中宮にとり入れることは当然であったろう。だが同時に式部は土御門邸の池に遊ぶ水鳥の姿を見て

水鳥を水の上とやよそに見ん
　われも浮きたる世をすぐしつつ

と水鳥の浮くに憂きをかけて、我身もあの水鳥と同じように、表面は心おだやかに楽しんでいるように見えても内心はつらいと

宮仕えのわが身を反省する。そして寛弘五年の年末には

年くれてわか世ふけゆく風の音に
心のうちのすさまじきかな

というように身の不安を感じた歌を詠む結果となっている。これは道長のもとに宮仕えする我身は、道長、彰子を尊敬しながらも何となく不安定であるようなものを感ずる。現在は華やかな絶頂期であるこの道長の栄華もいつまで続くであろう。道長の政治は、果たしてこれで理想的といえるであろうか。

聡明な式部は、一方では、かような反省に始終つきまとわれ、藤原実資が常に日記「小右記」に書いているような強い批判も、自分にはわかるような気がすると考えていた。式部は、おぼろげながら、望月のかけたることもなしという摂関政治全盛期に、すでに一方では三条天皇が

こころにもあらで浮世になからへば
恋しかるべき夜半の月かな

と詠んでいるという現実を感じ、望月のいつかは欠けていくこともあろうことを考えていたのではないか。いわば、摂関政治そのものの本質を反省し、藤原氏の生き方にも批判をもっていたといえよう。この考え方が「源氏物語」の中に、延喜、天暦を理想とし、その時代と、そこに生きる人を準拠、モデルとしていた式部の気持と通じるのであった。

第九章

「荘園」ものしり14の史料

303　地名に今ものこる荘園制の名残り

荘、庄のつく地名があれば、そこはかつて荘園と深いかかわり合いがあったと考えて間違いない。

たとえば、北では秋田県の本荘、山形県の新庄、埼玉県の本庄などがその例である。南では熊本県の五個荘、宮崎県は古墳群があることで有名な西都原《さとばる》から奥へ入った山村一帯の米良《めら》荘などがあり、ほかに荘原、庄内といった地名も同様に荘園とかかわりがある。

こうした地名は、荘園と呼ばれた大土地私有の制度の名残である。遠い昔、そこには貴族か豪族がいて広大な土地を所有していた。大化改新により一度中央集権国家とはなったが、、平安時代に入ると再びそのような傾向が強くなった。

304　荘園とはどういうものか

荘園とは、田地を主体とした私的所有地をいう。所有者はその私有地から遠い場所に住み、それらは、京都やその近辺に多い貴族や寺社であった。

彼らは律令国家において政治的地位をもっており、現地の経営のため倉をふくむ事務所を設け、荘官を置き経営に当らせる。その事務所を荘といい、その土地を何々荘と称したのである。

305 「荘園」という言葉の由来とその変化

荘は作物倉《さくもつぐら》を意味する建物をはじめは指していたが、墾田が増えるにつれて、建物を含む土地のことをいうようになっていった。そして、奈良から平安時代にかけて、荘園として開発された墾田を中心とする、貴族や寺院の私有地をさすようになった。

また、墾田永世私有法で田地が増え、そのために収穫物を納めておく建物が必要となって、次第に荘と墾田との間に意味のへだたりがなくなり、「荘園」というようになった。

荘園は、はじめのうちは開墾可能地をふくむ墾田地のみであったが、のちには山野、原野や池溝をもふくむようになった。

306 荘園発生の状況はどうなっていたか

令の制度では田地を公田と私田とに分けている。私田とは口分田のほか、位階に依って給せられる位田、職に給せられる職田、功労の功田などである。

公田とはこれらの人民に支給すべき田地を差引いて残った田で、剰田ともいい、これらは国家の所有となっていた。そのほか、寺田がしだいに増加していることにも注目せねばならない。

これは公田とほぼ同じにとりあつかわれ、聖武天皇や孝謙天皇の崇仏精神によってか、寺院に多額の田地を寄附するという傾向がつよくなった。

令の規定では、男女六歳に達すれば、一

定の田地、すなわち口分田の支給を受ける資格があった。男子は二段、女子はその三分の二すなわち一段百廿歩である。二段の収穫割合は稲百束として、そのうち四束四把が租税に当てられ、残りの九十五束六把が純収入となる。こうした口分田に充てられるべき田地が不足がちである上、私田が多くなるにつれて、荘園増加の傾向は急激に進んで行く。

さらに富豪、王臣家が、これらの土地を手に入れようとし、いろいろの手段を用いて土地の売買交易が行なわれるようになり、また、口分田もこの傾向に乗じて、本来なら受給者一代が死亡、失踪とともに国家に返上すべきものであったが、それを返上せず、その土地の一部をひそかに売ることもおこなわれた。

制度の上では寺院に対して田地の売買、交換、または寄附することなどは禁止されていたのだが、寺院は、あらそって墾田を買入れるようになり、租庸調を納めず、不輸租田となるものが増えてくるのであった。

こうして皇族、貴族は、しだいにその領地をひろげていった。だが皇族や貴族も課役、すなわち調庸は免ぜられる特典はあっても、田租は免ぜられない。

しかし、その権威を利用して義務を怠る者も多くなり、寺院の寺田などは、国司の管轄からのがれ、国司の行政権の支配を受けず、納税の命を受けても、それを拒絶す

庶民の子供の額烏帽子姿《ひたいえぼしすがた》

るものがあった。

一方、荘園以外の土地は、公地、公民、国領ともいい、人民は納税の義務もあったから、国司は検田使を派遣して田地の面積などを調査し、租税を徴収し、滞納者があれば督捉することも出来たが、権門勢家の荘園となると国衙より出る使の入ることを禁じ、また、国司に対して一種の治外法権をもつ所ということにもなり、結局は荘園に住む人民も国司の管轄をはなれた権門勢家への奉仕に励むという結果になっていった。

また、一般の地主も国司のもとにあっては生活も楽でなくなり、所有の田地や家屋を権門勢家に寄附したり、売渡すなどして自身はその管理者となり、一定の年貢を権門勢家、すなわち本所に納めて、その威をかりて国司に反抗する風が生じた。

307　国家政府の開墾事業と土地拡張政策

政府の権力を不動のものにするためには、それに応じた経済力を持たなければならない。平安初期に政治のたてなおしが行なわれたが、それはとりもなおさず土地を多く所有するためのものであった。

その一つは皇室の私有地である勅旨田《ちょくしでん》であって、これは嵯峨天皇のときにはじまったが、王臣家などで、勅旨に託して私田を闘墾するという困った現象も生じたので、平城天皇のときからその取締り令が出るようになった。だが、淳和《じゅんな》天皇のときには約三千町歩、次の仁明天皇一代で約九百町歩も開墾された。

勅旨田は、正税をもって開墾することが出来、公の水を引いて灌漑に用いることも出来て、王臣家、貴族は勅旨田に託して私田を開発することもあった。

すでに開墾された田地を勅旨田とし、また、山野をあらたに開墾して勅旨田として不輸租の特権を受ける場合がしだいに多くなっていった。

公営田《くえいでん》は役所が直接経営する公の田畑であり、弘仁《こうにん》十四（八二三）年に太宰大弐《だざいのだいに》小野岑守《おののみねもり》が計画実現したものである。期限づきで小作させる仕組みで、約一万三千町歩の田に六万余の農民を動員して三十日ずつ働かせ、そこからとれた米は全部役所のものになるというものであった。

このようにして、平安朝政府は権力の維持のための経済闘争に懸命だったのである。

308　封戸《ふご》も次第に荘園化していく

政府が役人に与える給与には封戸《ふご》という土地も含まれていた。しかし、封戸からの税は役人である封主《ふうしゅ》が直接とりたてることはなく、いったん政府に納められたもののなかから給与を受けていた。

ところが、重税にあえぐ農民の離散や国司の怠慢のために、封戸からの収入が減る一方なので、封主が国家機関をあてにせずに自分の力で直接とりたてるようになる。これはやがて、封主と封戸の結びつきを生じ、さらに封戸の土地を支配するようになって荘園化していくのである。

たとえば、筑前国（福岡県）の観世音寺は約二百戸の封戸を所有していたが、これも荘園化していった。

309　租税のがれに「不輸祖」申請

荘園の領主は貴族や寺社の僧侶である。この階層は皇室や国家と特別な関係があり、政治的にも経済的にも癒着していたであろうことは十分想像される。

この特権を最大限に利用し、荘園領主はできるだけ租税をのがれようと図り、それに成功した。不輸租《ふゆそ》（税金を納めないようになること）の申請を政府に出したのである。

政府は国司に命じ、国と荘園側を立ち合せ荘園の境界を定めて坪付《つぼづけ》（土地台帳）をつくらせる。この報告に基づいて太政《だじょう》官《かん》・民部省《みんぶのしょう》から不輸租とする旨の官符、省符（いずれも許可証）が発行される。この手続きを立券荘号といった。そして、不輸権を獲得した荘園を官省符荘《かんしょうふのしょう》と呼ぶ。この種の荘園は九世紀の中頃から出始めるようになった。

310 国と荘園側の虚々実々の攻防

国司や検田使は、各荘園をきびしく見回って土地を測量し、租税の台帳を作っていた。しかし、あちこちに不輸租の荘園が出てくれば、国司や検田使は荘園に入る必要がなくなり、自然に国家の財政を逼迫させることになる。

そのために、国家は荘園が許可されている不輸租の権利を無視して、いろいろな租税を課すようになった。

そこで、荘園側はまず国家の目をふさぐために、国司、検田使を荘園内に立ち入らせないための申請をしたのである。この特権を不入権《ふにゅうけん》という。

不入は、最初は国司、検田使の立ち入りを禁止することであったが、やがて拡大解釈されることとなり、国の警察権の立ち入りさえ拒否するようになった。

　それができたことは荘園の権力が強大だったことを意味する。荘園内の犯罪事件は、領主や荘官が処分する独自の権限を持つほどであった。

　不輸不入権を持つにいたって、荘園はその完成をみるのである。

311　荘園発展のおかげで農業は大いに充実

　荘園の発展は、必然的に農業そのものの内容を充実させていった。たとえば、鉄製の農具、牛馬の使役、種まきの前に種子を水につけて発芽をよくすること、苗代で苗を育てることなどは、すでにこの時代に地方にまで普及していた。

　また、「栄花物語」には田植の様子が次のように書きしるされている。

「若いきれいな女ども五、六十人に裳《も》袴《はかま》という白い衣装を着せ、白い笠をかぶせ、歯を黒く染め、紅粉で赤く化粧させて並ばせている。田主人《たあるじ》の老人は粗まつな衣を着、破れた大笠をかぶり、足駄をはいている。そして、田楽といって粗まつな鼓を腰に結びつけ、笛を吹き、拍板《ささら》というものを打つ。それに合わせて、十人ばかりの男どもがさまざまに舞いながら歌う」

　これは、治安《ちあん》三（一〇二三）年、藤原道長と彰子が見物したときの場面である。

312　集団の力に目覚めた農民従者たちの動き

受領役人に好き勝手なことをされるばかりか、自分たちの生活が貧窮のうえ、さらに死活の問題に追い詰められるにおよんで、ついに荘園に従事する者たちが徒党を組んで受領と対抗するようになっていった。これを郎等（郎党）という。これが記録にでてくるのは十世紀に入ってからであるが、こうした現象はすでに清和天皇の頃からあったといわれている。

農民従者がこうした集団の力に目醒めさせられたのは、徴税の強行があったからにほかならない。非常に原始的な対抗策をとらなければならなかったほど、地方行政官のやりくちは非情だったわけである。

一方、受領のほうもまた、そのために郎党を組織しなければならず、目には目をの緊迫した状況があちこちでみられるようになっていった。

313　農民の権利防衛のための襲撃と愁訴

受領と地方民の抗争には、二つの方法があった。ひとつは農民従者の郎党が国司の館を襲撃し、受領に直訴するという方法、もうひとつは土豪・有力農民が武力の行使をさけ、中央政府に対して受領の罪状を訴え、やめさせる、いわゆる愁訴《しゅうそ》の方法である。

いずれの場合でも、行動をくわだて指導

したのは郡司（地方豪族のなかから選ばれた地方行政官）で、反受領の尖兵として立ちあがった。

天安一（八五七）年六月、対馬国上縣郡で三百人を越す地方民が動き、防人六人が殺された。元慶八（八八四）年六月には、石見国《いわみのくにの》権守《ごんのかみ》上《かみの》毛《げ》野《の》氏永《うじなが》が郡司らの襲撃を受けるという事件がおきている。

このような事件の裁定は、政府がその黒白の決着をつけた。

314　裁判に敗けるのはいつも受領側だった

受領襲撃事件に裁定が下される場合、結果はきまって受領側に非があるとされた。たとえば、上野毛氏永のときは、太政官に提出された報告書に「法に乖《そむ》く」と糾弾されている。襲撃事件の発端は、個人的な怨恨だけではなく、受領の悪政のゆえであることを政府がよく知っていたからである。

強欲な受領への復讐は、郡司、有力農民側の勝利におわったわけであるが、それ以上の政治的発展をみせることはなかった、それは襲撃に参加した農民の数が二、三百人程度であり、中世の土一揆のように民衆がこぞって蜂起するというものではなかったからである。

315　愁訴は道長・頼通の時代にピーク

農民が受領の悪政、あるいは横領を朝廷に訴えることを「愁訴」といった。この愁訴が初めて記録にでてくるのは、文徳《もんとく》天皇（八五四年頃）のときである。讃岐《さぬき》国の農民らが弘宗《ひろむね》王の苛政を訴えたものである。

しかし、この記録には苛政の具体的な項目はなにひとつ記されていない。ただ、愁訴された弘宗王が禁足を受けたとあるだけである。

郡司、農民の愁訴における主な狙いは、汚職受領の免官にあった。暴行事件を起こす前に、愁訴することで穏当にことをなそうとしたわけである。

この愁訴や受領の襲撃事件は、道長、頼通（一〇〇五～六二年頃）のいわゆる摂関時代に頂点に達する。したがって、受領の免官もこの時代にその数が一番多かった。

316　天下の地ことごとく一家のものといわれた道長の支配地

こうして藤原氏の世の中となって行くと、全国の小領主たちは、あらそって所領を寄進した。これを寄進地《きしんち》系荘園というが、規模の小さい荘園領主も、その荘園を権門勢家に寄進するものが多かった。一定の額を権門におさめ権門より保護をえながら、これまで通りに土地を管理する者も多かった。権門勢家は本所《ほんじょ》または領家とよばれて広大な荘園を集めることになって行った。

道長のもとにはこうして多くの荘園が集まり、藤原実資の日記「小右記」（万寿二年七月十一日）には「天下之地悉一家之領」といわれた程で、地方土豪の中には、その姓を改めてまでも道長に所領を寄進するものがあった。

道長は、荘園に介入しようとする受領には弾圧を加え、国府の支配地を確保し、また一方、受領たちは、道長の威勢に屈服はしているものの、不満は大きく、道長が死んで頼通時代になると、受領らの反撥がにわかに大きくなるのである。

●荘園の整理にまつわる紆余曲折

荘園の整理は、醍醐天皇、花山天皇のころからすでにはじまっている。初見は醍醐天皇の延喜二（九〇二）年であるが、花山天皇もまた、延喜以後の新たな荘園を停止しようとした。だが荘園はふえるばかりで、摂関の力がつよくなるにつれてその整理も充分に成果をあげることが出来なくなってきた。長保二（一〇〇〇）年、藤原氏の私学校である勧学院の荘園を停止しようとしたときに、ときの左大臣道長から、その不当を責められ、中止せざるを得なくなる場合などもあった。後朱雀天皇の長久元（一〇四〇）年、荘園整理の計画がふたたびおこり、いままでの成果があまりあがらぬことから、今度は方法を変えて国司に命じて、これを励行させようとすることとなった。そこで後冷泉天皇の寛徳二（一〇四五）年、前の国司の任期の間に新たに出来た荘園は、すべて停止させ、これにしたがわぬものが多い場合に、現官の国司の資格をうばい、人民は重科に処することとした。だがその後も成果はあがらず、伊賀国では三分の二は権門寺院の荘園であるといわれる程になってしまった。ここにおいて伊勢国司が使を遣わして、東大寺領の荘園を検査させようとしたところ、僧都は矢を放って国司をおどすほどだった。朝廷は国司の訴えによって、僧都等を処罰しようとしたが、結局、彼らをいましめることのみで終り、荘園を承認することとなった。こうして荘園は、ますます増加の傾向をたどった。

後三条天皇は、皇太子のころからこの弊害に注目しており、即位の翌年の延久元（一〇六九）年二月、寛徳二年以後の新立の荘園を停止し、寛徳二年以前のものでも、その証文の明らかでないものは、これを停止するように命じ、その機関として閏二月、太政官に記録所を設け、寄人《よりうど》などの職員を定めた。この記録所は、荘園の文書を調査する所であるから、これを記録荘園券契所といった。こうして社寺、貴族は、荘園に関する文書を記録所に提出せねばならぬこととなり、記録所では存すべきは存し、廃すべきは廃して広範囲にわたって整理をした。

したがって藤原氏に対しても、その荘園に関する文書を提出せしめるようになったけれども、時の摂政頼通の荘園のみは結果において例外ということになった。頼通は多くの田地を人々より受けたけれども、いずれも口頭で承諾したものが多い。そこで頼通は天皇に向かって

「これらはいずれも縁故によって所領を寄進してくれたから、そのまま受けとっていたばかりです。どうして証拠の文書などがありましょうか。ただ私の領地といっている所が不当であり、確かでないと思われる荘園があるならば御自由に御取上を願いたい。こういう荘園整理ということは、関白

自身が進んで、こちらからすべきはずでありますのに」

といって、天皇に協力するような、また、一面では、皮肉たっぷりなような言葉を言った。こうして、さすがの天皇も頼通の荘園だけは調査をすることはできなかった。

天皇は藤原氏を押さえ、朝廷の面目を一新するつもりであったが、藤原氏のために徹底した改革を行うことが出来ずに終ってしまった。

こうして藤原氏はうまく立ちまわった。であるから整理の実のあがらないのは当然である。しかし藤原氏といえども、律令国家の官職を独占することによって権勢を維持しており、律令体制をくずすような荘園の増加を放任してはおけない。そこでその妥協のもとに、藤原氏は、矛盾するようだが、ある程度荘園の整理には協力したのである。

だが、後三条天皇の荘園整理令は、その後、白河上皇の時代に再び行なわれるのである。

平安時代略年表

略年

八〇〇
八五〇

天皇

桓武	平城	嵯峨	淳和	仁明	文徳	清和	陽成	光孝	宇多

摂政・関白

藤原良房
藤原基経

政治・経済・社会

七九四	平安京に遷都
七九七	征夷大将軍に坂上田村麻呂を任命
八一〇	蔵人頭に藤原冬嗣任命さる　藤原薬子の乱（仲成は討たれ薬子は自殺する）
八二〇	弘仁格式が成る（冬嗣らによる）
八四二	承和の変（橘逸勢、伴健岑らは島流しの刑）
八五八	藤原良房、摂政の実を行う
八六六	良房、摂政となる　応天門の変（伴善男らは配流）
八七二	藤原基経、摂政となる
八八〇	基経、太政大臣関白の実を行う
八八七	基経、関白となる
八八八	阿衡の紛議
八九四	遣唐使を廃止（道真らの提案）
八九九	藤原時平が左大臣、菅原道真が右大臣となる

文化

（弘仁貞観文化）

八〇五	最澄、天台宗をはじめる
八〇六	空海、真言宗をはじめる
八二二	延暦寺に大乗戒壇を設置
八六六	最澄に伝教大師、円仁に慈覚大師の諡号をおくる
八九二	菅原道真、「類聚国史」を撰上

●この頃「伊勢物語」「竹取物語」成る

中国

唐

九〇〇							九五〇						
醍醐		朱雀		村上	冷泉		円融			花山	一条		
藤原時平（内覧）		藤原忠平			藤原実頼	藤原伊尹	藤原兼通			藤原頼忠	藤原兼家	藤原道隆	藤原道兼

九〇一　菅原道真が大宰権帥に左遷される
九〇二　荘園整理令
九〇三　道真、筑紫の配所にて死す
九三五　承平・天慶の乱はじまる
九三九　平将門、下野・上野・武蔵・相模を支配し、新皇と称す
九四〇　平貞盛、藤原秀郷ら、将門を討つ
九四一　小野好古ら、藤原純友を討つ
九六九　安和の変（源高明、大宰府へ左遷）
九八八　尾張国の百姓が国守藤原元命の悪政を訴える（尾張国郡司百姓等解文）
九九五　疫病が流行し、道隆、道兼相次いで死す。藤原道長、内覧となる

（藤原文化）
九〇五　紀貫之ら、古今和歌集を撰上
九二一　空海に弘法大師の諡号をおくる
九三五　この頃、紀貫之「土佐日記」成る
九三八　空也、念仏教をはじめる
●この頃、寝殿造の大成
九八五　源信「往生要集」を著わす

五代十国　北宋

年代	天皇	摂関・院政
一、〇〇〇	三条	藤原道長（内覧）
	後一条	藤原道長
	後朱雀	藤原頼通
一、〇五〇	後冷泉	
	後三条	藤原教通
	白河	藤原師実
	堀河	院政はじまる　白河上皇

一、〇〇〇　道長の女彰子、一条中宮となる
一、〇一六　道長、摂政になる
一、〇一七　道長、太政大臣となる
一、〇一九　刀伊の賊、北九州に来寇。藤原隆家らこれを撃つ
一、〇二七　道長死す
一、〇二八　平忠常の乱
一、〇四〇　荘園停止令
一、〇五一　前九年の役起る（〜六二）
●源氏の其盤がかたまる
一、〇六九　記録荘園券契所を置く
●僧徒間の争乱が続発する
一、〇八三　後三年の役起る（〜八七）
一、〇八六　白河上皇、院政をはじめる
一、〇九五　上皇、はじめて北面の武士を置く
一、〇九八　源義家、昇殿を許される

●この頃、紫式部、清少納言らにより女流文学が隆盛
一、〇三五　この頃までに「栄花物語」
一、〇五二　藤原頼通、宇治の別荘を平等院とする
一、〇五三　平等院鳳凰堂落成
●田楽が流行する

一、一〇〇
一、一五〇

鳥羽	崇徳	近衛	後白河	二条	六条	高倉	安徳	後鳥羽

	鳥羽上皇		後白河上皇		高倉上皇	後白河法皇

一、一三二　平忠盛、院内昇殿を許される
●強装束、十二単、白粉、染歯など始まる
一、一五六　保元の乱（崇徳上皇・藤原頼長が後白河天皇・藤原忠通に敗れる）
一、一五九　平治の乱（藤原信頼・源義朝が平清盛に討たれる）
一、一六〇　源頼朝、伊豆に流される
一、一七一　鹿ケ谷の陰謀
一、一八〇　以仁王、源頼政が挙兵したが宇治で敗れる
源頼朝が挙兵、石橋山の戦
頼朝、鎌倉に入る
一、一八五　壇の浦の戦で平氏滅亡

一、一〇五　藤原清衡、平泉中尊寺を造る
●この頃までに「今昔物語」
一、一二四　清衡、中尊寺金色堂を造る
一、一八五　法然、浄土宗を始める
一、一八五　東大寺大仏の補修が完成する

南宋

〈新装版〉

平安時代大全

著　者　　山中　裕
発行者　　真船美保子
発行所　　KK ロングセラーズ
　　　　　東京都新宿区高田馬場 4-4-18　〒 169-0075
　　　　　電話（03）5937-6803（代）　振替 00120-7-145737
　　　　　http://www.kklong.co.jp
印刷・製本　中央精版印刷(株)

落丁・乱丁はお取り替えいたします。
※定価と発行日はカバーに表示してあります。
ISBN978-4-8454-5184-5　C0221　　Printed In Japan 2024